T0287686

Joan Quintana Forns
Arnoldo Cisternas Chávez

Relaciones Poderosas
Vivir y convivir
Ver y ser vistos

editorial Kairós

© 2013 by Joan Quintana & Arnoldo Cisternas

© 2014 by Editorial Kairós S.A.
Numancia 117-121, 08029 Barcelona, España
www.editorialkairos.com

Ilustraciones interiores: Elena Urizar
Fotocomposición: Moelmo, S.C.P. Girona, 53. 08009 Barcelona
Impresión y encuadernación: Romanyà-Valls. Verdaguer, 1. 08786 Capellades

Primera edición: Febrero 2014
Segunda edición: Enero 2016
ISBN: 978-84-9988-340-3
Depósito legal: B-29.139-2013

Este libro ha sido impreso con papel certificado FSC, proviene de fuentes
respetuosas con la sociedad y el medio ambiente y cuenta con los requisitos
necesarios para ser considerado un "libro amigo de los bosques".

Sumario

1. Introducción

Poder Personal y Relaciones Poderosas

El libro que usted tiene entre sus manos es una invitación a vivir plenamente. Hemos sido criados y formados en la relación con los otros, experimentamos cada momento de nuestra historia en relación con los demás y con nosotros mismos; allí es donde sucede la vida y la muerte, la alegría y la tristeza, la esperanza y la resignación, el rencor y el perdón, la soledad y el encuentro, el éxito y la derrota, el desamor y el amor.

El tiempo que le dedique a leer este libro le permitirá despejar un espacio en medio de la vorágine de cada día, para mirar y fortalecer las relaciones en las que vive, tanto la relación que usted tiene consigo mismo, como las que mantiene en el mundo del trabajo, la familia, los amigos y la comunidad.

Este texto, más que un compendio de teorías o elucubraciones intelectuales, es el resultado de años de experiencia trabajando como consultores en empresas, instituciones públicas, centros sanitarios, instituciones educativas y ONG, donde el denominador común ha sido observar y ayudar a que diversos grupos de personas puedan relacionarse mejor, entenderse de una forma constructiva, respetarse a pesar de sus diferencias, para que su convivencia sea una experiencia positiva y enriquecedora, y que las actividades y proyectos que ellos han emprendido fueran realizados de la mejor manera posible.

El *enfoque relacional* tiene su base en distintas disciplinas, no pretendemos imponer ninguna clase de dogma o creencia ciega, esto es un camino, un recorrido que hemos transitado y que creemos que es valioso para todos aquellos que albergan el deseo de mejorar aspectos de su vida y su relación con aquellos que les rodean.

Creemos que vidas poderosas constituyen relaciones poderosas, y que relaciones poderosas generan equipos poderosos, y que equipos poderosos son el fundamento de organizaciones y comunidades que pueden cambiar el mundo.

Entendemos que vidas poderosas son aquellas que tienen *la capacidad de hacerse responsables* de sí mismas y de la relación que articulan con los otros; con los seres que amamos, con los que trabajamos, aquellos con los que, en definitiva, compartimos presentes y, más tarde, compartiremos futuros.

Creemos que la responsabilidad nos hace humanos, somos los únicos animales responsables de nuestros actos; si perdemos esta condición, perdemos lo más valioso, nuestra condición humana.

Vivir y relacionarnos de forma poderosa es *dirigir nuestra voluntad de desarrollo* en coherencia con los valores y compromisos que tenemos con nosotros mismos y con las personas que nos acompañan.

El poder personal es la *capacidad de adaptarse*, decidir y conectar *con nuestras fortalezas* para que, desde una visión crítica sobre nosotros mismos, podamos lograr la transformación tanto personal como de nuestro entorno, fundamentados en esta libertad de acción.

¿Qué significa libertad de acción?

Es construir una identidad con lo que uno es capaz de hacer, no con lo que tiene. Es no quedar atrapado, ni con los objetos ni con los deseos. Por tanto, es poder estar y no estar, es poder tener y desprenderse, es la libertad de renunciar y es el derecho de desear. Este poder nos permite regular todo lo que puede esclavizarnos.

Una persona con poder personal es aquella que construye su identidad a través de su capacidad de hacer. No construye su identidad por comparación ni tampoco negando al otro, es su capacidad de hacer la que le da sentido.

En suma, cuando hablamos de relaciones poderosas podríamos llamarlas también relaciones responsables.

Estamos viviendo un momento en el que nadie es responsable de casi nada y, sin embargo, lo que está pasando nos afecta a todos. Es esta desconexión entre la acción y la responsabilidad de quien ha generado la acción la que puede llevarnos a una sensación de impotencia, en la que sintamos que no podemos hacernos cargo de nuestra propia existencia.

Este es un mecanismo de la indefensión, aprendizaje que hacemos cuando no ponemos límites a la pérdida de libertad o dignidad y pensamos que, hagamos lo que hagamos, ya no podemos hacer nada y no depende de nosotros. Con la indefensión, se crean las condiciones para transformarnos en esclavos. Frente a ello proponemos responsabilizarnos de lo que hacemos, y es a partir de ese instante cuando logramos desarrollar nuestro poder personal.

El poder personal es un paso necesario para construir familias responsables, instituciones responsables y comunidades responsables.

El poder personal no se puede desarrollar ni sostener si la persona no logra ver a los otros y sentirse vista por los demás, ser reconocida y reconocer, ser aceptada y aceptar, valorada y valorar, querida y querer a otros, sentirse cuidada y cuidar. Esta es la dinámica relacional central, la fuente que permite vivir plenamente la vida, articular relaciones poderosas, hacernos cargo de la vida propia y de la vida con los otros de forma responsable.

Vidas poderosas son posibles si esta dinámica no se rompe y se sostiene en el tiempo. Vidas plenas surgen de espacios relacionales donde esta forma de vivir es practicada; son personas que logran llevar esta dinámica a su red de trabajo y reproducirla en la relación con sus amigos e hijos.

Nacemos y vivimos tras la búsqueda constante del encuentro; desde el poder personal vemos al otro y le podemos decir: «te miro, te veo, te acepto, te valoro, te lo digo y te lo demuestro actuando en coherencia».

2. ¿Quién eres?
Un ser relacional

Hacernos conscientes de algo nos permite ver algo que no veíamos, comprenderlo y sentir cosas que antes no podíamos sentir, para, desde ese nuevo lugar, actuar y alcanzar lo que buscamos.

La conciencia relacional es un elemento clave en nuestro camino para conseguir relaciones poderosas. Ampliar nuestra conciencia es ampliar nuestra capacidad de acción, es abrir las puertas para poder estar y compartir con más personas y situaciones distintas y diversas.

Para tomar conciencia de cómo nos relacionamos hay que tener presente:

- La palabra (qué decimos).
- Las acciones (qué hacemos).
- La emoción (qué sentimos al hacer lo que hacemos).
- El sentido (para qué hacemos lo que hacemos).

Ser conscientes de cómo explicamos lo que nos pasa, qué hacemos o no hacemos, qué estado emocional nos acompaña y qué sentido tiene para nosotros lo que estamos viviendo, es lo que nos ayuda a comprender cómo nos relacionamos. Así podremos abordar una situación que nos bloquea y que nos impide estar con las personas a las que queremos o necesitamos.

El libro que tienes en las manos tiene este doble objetivo: ayudarte a conocerte mejor y servirte de forma práctica para solucionar cuestiones laborales o familiares que te bloquean. Uno y otro fin están claramente relacionados.

La conciencia relacional

La palabra

Uno de los elementos que conforman la consciencia relacional es el lenguaje. A través de las palabras articulamos distintas narraciones. Y por medio de estas narraciones vamos construyendo progresivamente nuestra realidad.

Vivimos y actuamos según narramos.

De hecho, una misma vivencia se la contamos a una persona (o a nosotros mismos) de distinta manera, según el momento en que nos encontremos. Y esto hay que considerarlo, ya que cada vez que le contamos algo a otra persona agregamos nuevos matices, realizamos cambios en la historia y, por tanto, sentimos de manera diferente esa narración.

La palabra nos ayuda a narrar y, así, delimitar, construir y buscar certezas para explicar y entender nuestra cotidianeidad.

En la palabra debemos comprender que hay dos niveles.

Diálogo interno. La voz interior

Es lo que nos decimos a nosotros mismos sobre lo que sentimos y hacemos, son viejas voces conocidas que nos acompañan, fruto de lo que hemos vivido, voces que nos dan permisos para hacer y voces que nos limitan.

Este diálogo interno es de muchos tipos y se da de múltiples formas. Puede ser la voz de la responsabilidad, de la alegría, del orgullo, de la ira, etcétera. Estas voces provienen de todas nuestras experiencias vividas y hay voces que nos han ido acompañando desde nuestra infancia. Por ejemplo, la voz del miedo, de la exigencia, la voz del cariño, la voz del reconocimiento (tanto por buscarlo, como por tenerlo y mantenerlo), la voz del dominio o del ser dominados. Esas voces interiores aparecen siempre en cada acto que vivimos, y de alguna manera son como el lenguaje básico para construir la narración de las cosas, son la expresión histórica de lo que hemos vivido. Cada voz interna es aquello que nos limita o nos da posibilidades.

La voz interior es lo que nos decimos a nosotros mismos, por ejemplo: «no sé si podré», «no sé si lo merezco», «todo depende de mí», «esto que me he propuesto lo puedo hacer», etcétera. También son narraciones del mundo en el que vivimos o respecto de las otras personas con las que nos relacionamos, por ejemplo: «creo que él me engañará», «creo que ella es superior a mí», «pienso que esto es una oportunidad enorme», «las cosas irán mejor cada vez».

Diálogo social. La voz pública

Es lo que le decimos a los otros. Por ejemplo, uno puede expresar su estado de ánimo: «Últimamente me ha ido muy bien», «Voy tirando para delante, no es fácil haber renunciado al trabajo, pero estoy contento». Esto sería lo que le expreso a un amigo con el que me encuentro en la calle. Tiene un gran peso, ya que, en gran medida, a través de lo que decimos vamos dibujando la imagen que las personas tienen de nosotros.

Pero muchas veces lo que le cuento a otras personas no coincide con mi diálogo interno, porque en ese momento, por ejemplo, al llegar a mi casa la voz interior que escucho es la del miedo. «Tengo que decirle a mi familia que estoy bien para que no noten el temor y la incertidumbre que siento», «No sé si tengo la capacidad para hacer esto y cumplir con lo que me he propuesto», «No sé si di un buen paso al dejar mi trabajo e independizarme», «Me siento dubitativo, tengo miedo de seguir adelante».

Es así como se dan las siguientes paradojas: lo que expresamos en palabras a otras personas no coincide con lo que pensamos; y lo que decimos, muchas veces, no coincide con nuestros actos.

Las acciones

Las acciones se refieren a lo que hacemos. Hay quienes afirman que nuestros actos definen quiénes somos. Si uno dice «me encuentro bien», «estoy tirando para delante», «he dejado el trabajo, pero estoy muy contento», cabe la posibilidad de que estas declaraciones sean solo palabras, ya que en la práctica no he telefoneado a mis conocidos; cuando me emplazan para una entrevista de trabajo no voy, me quedo todo el día en casa paralizado frente al televisor, sin ánimo de salir a ninguna parte, escondiendo el sentimiento de fracaso y miedo que padezco.

Palabra y acción deben estar claramente relacionadas.

En nuestros actos, también hay un acoplamiento adaptativo al entorno que es útil y funcional a la situación que estamos viviendo. Por ejemplo, un hombre de mediana edad toma la decisión de cambiarse a un trabajo que es menos absorbente que el anterior, ya que ello le permite pasar más tiempo con su familia, aunque sus ingresos ya no sean tan elevados como antes. Ya no puede comprar tantas cosas, pero tiene la esperanza de que su calidad de vida mejore. A partir de ahora podrá construir un espacio más cálido y acogedor en el cual compartir y ver crecer a sus hijos.

Si esta narración es genuina, es porque para ese padre disponer de más tiempo para estar con su mujer e hijos, y dejar el estrés agobiante de su trabajo anterior, le da un nuevo sentido a su vida.

Las acciones que llevamos a cabo oscilan entre la coherencia y la incoherencia. Nuestros actos pueden estar completamente alineados con nuestras palabras. Es lo que comúnmente entendemos por ser consecuentes o actuar en consecuencia. En el otro extremo, lo que le decimos a otros (la narración) podría llegar a ser todo lo contrario a lo que hacemos (las acciones).

La emoción

El estado emocional regula la acción. Esto quiere decir que no es lo mismo que hablemos desde la rabia que desde la gratitud, desde la decepción que desde la compasión, desde el miedo que desde el perdón, desde la alegría que desde la tristeza.

¿Y qué significa esto?

Las emociones regulan las relaciones personales, profesionales, económicas y las políticas entre países e instituciones. Los estados emocionales activan relaciones en los grupos humanos dirigidas hacia la competitividad, la cooperación, la destrucción y la construcción de futuros.

Somos seres emocionales en constante movimiento, fluimos de un estado emocional a otro, y ello condiciona la forma en cómo nos relacionamos haciéndonos sentir afortunados o desafortunados, seguros o inseguros, felices o tristes.

Por esta razón nos será muy útil saber qué emoción precede a nuestras acciones y preguntarse: ¿Qué siento? ¿Cuál es mi estado emocional predominante? Alegría, miedo, celos, gratitud, tristeza, admiración, agobio, ira, etcétera. Es posible que la respuesta nos ayude a actuar de manera más certera y efectiva, ya que nuestras acciones son reguladas por nuestro estado emocional.

Cuando cambiamos de trabajo y nos encontramos con que las cosas se hacen de manera distinta a como estábamos acostumbrados, muchas veces el contexto nos lleva a actuar de forma distinta a como siempre lo hacíamos en lugares más familiares. La emoción predominante podría ser de tristeza y frustración si es que nos sentimos desorientados en este nuevo entorno. O, por el contrario, si esta misma situación la afrontamos desde el optimismo y la alegría, podemos vivirla como una nueva aventura y una oportunidad de crecer profesionalmente.

Entonces, si nuestras acciones son reguladas por nuestro estado emocional, ¿nuestra vida está determinada por las emociones que sentimos? ¿Somos prisioneros del estado emocional predominante?

Hay un regulador de todo ello: el sentido.

El sentido

El sentido tiene que ver con el fin que perseguimos y con la trascendencia de lo que hacemos. Pensemos en un mapa que nos sirve de guía para encontrar el tesoro que estamos buscando. También podemos verlo como aquella brújula que nos orienta en medio de una tormenta, donde no podemos ver el horizonte cuando las olas y el viento nos arrastran hacia el peligro. En medio de la oscuridad, nuestra brújula es la única que nos ayudará a llegar a tierra firme. Es un norte que surge de lo que quiero y no quiero más para mi vida, de todo aquello que quiero hacer y de lo que no quiero repetir, es ese lugar donde quiero llegar y que me produciría una sensación de plenitud de mi propia presencia y existencia.

Pero también el sentido es dinámico, no es algo estático ni absoluto; se altera, modifica y, en algunos casos, cambia completamente. A lo largo de nuestra vida hay tiempos de plenitud y tiempos de sinsentido. Construimos y mantenemos relaciones que nos

dan alegría y otras que progresivamente nos entristecen y enfer-
man. Luchamos para conservar objetos y relaciones que, en un
momento dado, son "todo" para nosotros (un fin por el que sacri-
ficamos otros aspectos que también son importantes), pero en algún punto se desdibujan y nos llegan a parecer un absurdo.

Desde otro ángulo, el sentido se refiere a lo que quiero dejar y
a lo que quiero preservar en mi vida. Pongámonos en el caso de
una mujer que vive una crisis matrimonial: «Después de todos estos años de noviazgo y matrimonio, en que hemos tenido dos hijos, ¿qué es lo que quiero conservar de esa relación?, ¿qué sentido
tiene mantenerla?».

El sentido se nos presenta como el equilibrio entre lo que busco
y lo que deseo conservar y, de alguna manera, es el eje vertebrador
para que podamos desbloquear situaciones donde nos encontramos con una disyuntiva que nos hace sufrir y es dolorosa.

Pero parece que existe un sentido último, una búsqueda final.

El sentido fundamental es volver a encontrarse y encontrar a los
otros: eso es lo que buscamos, y todo lo demás es un pretexto.

Si existe una concordancia entre todas las tradiciones, es que
el ser espiritual tiene un solo camino: salir de sí mismo y encontrarse con el otro y con la totalidad.

El ser humano es un ser social que busca ser reconocido, sin
reconocimiento no hay existencia; y un acto de reconocimiento es
el abrazo, que es el reencuentro con el otro. Es la metáfora de volver a estar fusionados con un todo, y de alguna manera compensa
el acto primigenio de la existencia, que es la separación.

Esta voluntad de sentido considera que el hombre que mantiene su dignidad y vitalidad puede cambiar su actitud ante la vida y
ejercer su potencial libertad; que el ser humano busca el significado de la propia existencia con un sentimiento de trascender más
allá de sí mismo y que, para ello, ha de positivar lo que vive y evitar
bloquearse en actitudes negativas y ampliar la mirada distancián-

dose de sí mismo para ver el significado de sus acciones y emociones que surgen de las relaciones y la convivencia.

La espiral de la conciencia relacional

Hemos revisado todos los aspectos que conforman la conciencia relacional. Y vimos por separado **la palabra, las acciones, la emoción y el sentido** con el fin de poder explicarlos, desglosarlos en sus características principales para poder comprender lo que viene a continuación.

En realidad, sabemos que no actúan por separado y que no se pueden entender el uno sin el otro. Están encadenados, en tensión, juntos y revueltos. Unos determinan y regulan a otros de manera dinámica y continua.

Es como una espiral, continuamente, en nuestras relaciones con las personas y las situaciones, actuamos bajo esta dinámica del apego y desapego, de la acción al bloqueo.

Ejemplo: La casa y la dignidad de Manuel.

La palabra: «Me podría ir mejor, pero tal como están las cosas es más prudente que siga aguantando el estrés y el maltrato de mi jefe», «Debo pagar la hipoteca», «Me siento mal, y a veces siento que mi dignidad está en juego», «Me siento maltratado, impotente, incapaz de reaccionar».

Las acciones: Silencio, bloqueo, trata de hacerse invisible en el trabajo, evita a su jefe y, al mismo tiempo, trata de complacer lo máximo.

La emoción: Tristeza, desconfianza, inseguridad y miedo.

El sentido: El sentido que tiene seguir viviendo la situación de agobio profesional es conservar su nivel de vida, y para ello necesita su sueldo. La respuesta a la pregunta ¿para qué? es que quiere preservar la casa que se acaba de comprar, sabe que la podría vender, pero cree que esa casa es el resultado y símbolo de su éxito; cuando era pequeño su padre le dijo que no era bueno para nada y que, de todos sus hermanos, era el más inútil. Y la casa muestra lo contrario: «... tengo la casa más grande de todos mis hermanos...».

Mantener la casa tiene *sentido* para él en este momento de su vida, paga un alto precio en su ámbito profesional; parte de su familia sabe que la situación profesional es tensa y dolorosa, pero después de tanto tiempo tienen la casa por la que han luchado.

Sin emitir un juicio sobre esta situación, aunque es evidente que Manuel no está libre para poder actuar, ya que se siente atrapado por lo que significa la casa, quiere conservarla; el balance entre beneficio y pago sigue decantándose por conservar la casa.

Los *diálogos internos* de Manuel los va reconfigurando: «entiendo que momentáneamente quiero la casa, aunque podría conservarla sin necesidad de perder mi dignidad», «... el trabajo actual me permite conservar la casa y voy a disfrutarla...», «puedo y quiero protegerme, hablando y poniendo límites a mi jefe...».

Con este nuevo diálogo interno, *el estado emocional* se va modificando hacia la acción, la determinación, orgullo por lo que ha logrado, optimismo.

Sus *acciones* se focalizarán en romper el bloqueo; conversando para ordenar las expectativas que tiene su jefe sobre su trabajo, pondrá límites, y se dará un tiempo para resolver la situación o buscar activamente un nuevo trabajo, ya que siente que puede y que quiere conservar lo que quiere conservar, la casa y la dignidad.

En esta espiral, Manuel amplía su consciencia y, desde la comprensión de lo que siente y hace, sus relaciones se regeneran y ponen su atención en recuperar poder personal, ampliando su capacidad de actuar.

Ejemplo: El directivo omnipresente.

El jefe de ventas de una multinacional farmacéutica, un hombre brillante, rápido mentalmente e innovador.

La palabra: «... todo lo tengo que hacer yo», «Reúno a mi gente y nadie aporta nada, trabajan pero no piensan y no aportan nada nuevo... y yo necesito que se anticipen, que me propongan nuevas ideas de cómo vender más y mejor...».

Las acciones: No escuchaba, o escuchaba hasta que le decían algo que no esperaba oír o no quería oír. Hablaba constantemente, viajaba mucho y no tenía agenda para poder atender a nadie.

La emoción: Insatisfacción, queja, irritación y cansancio.

El sentido: «... el trabajo es casi todo para mí..., tengo 53 años y quiero conservarlo, soy un hombre que me he hecho a mí mismo y no quiero perder», «... quiero que mi equipo quiera trabajar conmigo porque aprenden, disfrutan y ganan dinero..., no quiero que se vayan..., quiero que me quieran como jefe, mi equipo me da sentido a mí...».

Se propone, al jefe de ventas, que si quiere conservar a su equipo, debe encontrar tiempo para escucharlos y aceptar lo que le digan; al hacerlo, comprendió que en las reuniones era omnipresente, que dejaba muy poco espacio a los otros, que su capacidad para escuchar era muy deficiente y que, cada vez que había una intervención, interrumpía sistemáticamente.

Su equipo le reconoció que sus aportes eran muy importantes y que eran una gran contribución al desarrollo del negocio, pero que a ellos tan solo les quedaba espacio para observar silenciosamente y complacerlo. La consecuencia de todo ello era que su equipo estaba temeroso, inseguro y paralizado.

Aceptó que la situación había que desbloquearla y empezó la espiral de regeneración de la manera en que se relacionaba con su equipo.

Su *diálogo interno*: «... tengo un equipo que me respeta, pero que no le doy espacio suficiente», «... no tiene tanta experiencia como yo, pero pueden hacer las cosas bien», «... si confío en ellos, aportarán y yo podré descansar un poco de tanta actividad y concretar proyectos pendientes...».

Las acciones: En las reuniones del departamento de ventas, hacía una intervención de marco al principio y una intervención de síntesis al final, dejando espacio para que hablaran todos los miembros del equipo, trabajando desde el silencio, para que ese espacio que ocupaba con su palabra y su presencia quedase libre.

La gente empezó a hablar, a hacer propuestas. El jefe de ventas debió desarrollar su autocontrol para no interrumpir, y así dejar que fluyeran los aportes de los demás. Hubo gente que al principio se asustó y no sabía qué hacer delante de tanto espacio para ocupar, y él pudo apreciar que el problema no era que su gente careciera de la capacidad de realizar aportes sino que él no dejaba espacio para hacerlo. No es que su gente no tuviera cosas que decir, si no que él no dejaba que las dijeran. No es que su gente no quisiera tomar una corresponsabilidad en las acciones, sino que él hacía todas las acciones y los otros solamente miraban cómo las hacía, e intentaban complementar si es que había un vacío en lo que él dejaba de hacer.

El jefe de ventas y su equipo entendieron que en el fondo todos nos acostumbramos a desempeñar el papel que el sistema nos ha otorgado y, que en el momento en que uno de sus miembros se mueve, nos tenemos que mover también nosotros y remodelar nuestro comportamiento. Este es un proceso dinámico que se genera constantemente, aunque se requiere un tiempo de comprensión y ajuste.

En estos dos ejemplos podemos ver la espiral de la consciencia relacional. En los dos casos, los que abren la puerta para desbloquear la situación son el sentido y la emoción.

Las emociones que se activan en nuestro cuerpo nos predisponen a la acción, nos energizan y empujan a actuar, con el propósito de mantenernos vivos, movilizados por nuestro sentido de la conservación.

Cuando nos preguntamos ¿qué queremos preservar de la situación que estamos viviendo?, nos abrimos a la comprensión del para qué hacemos lo que hacemos.

Por tanto, cuando indagamos en lo que alguien narra y descendemos hacia lo que genera esa narración, nos encontramos con lo que la persona siente. Será la voz de sus emociones, la que nos orienta hacia lo que teme perder o lo que busca reparar, ese es el lugar del sentido. Examinar el sentido que le damos a las cosas desde lo que sentimos nos permite reorganizar nuestra experiencia y deshacernos de muchos objetivos intermedios absurdos que nos hacen sufrir a nosotros y a los que nos rodean.

Indagar acerca de lo que sentimos, y ordenar la acción en función del sentido primal y final que es el amor y el encuentro, nos permiten sacudirnos del temor, ponernos en el deseo de definir, restaurar y cultivar el encuentro con las personas con las cuales vivimos, para desde allí vivir plenamente.

El sentido es parte de la esencia y el significado de la existencia de un ser humano en un momento determinado de su vida, es la respuesta a para qué está viviendo y cuál es el aporte de su presencia desde sus valores y la convicción de mantener o conservar lo que es importante.

Yo y los otros

Quien yo soy ha sido construida en las múltiples relaciones que he mantenido con otros, es el resultado de la elaboración que he llevado a cabo de lo que otros han dicho que soy, que puedo, que quiero, que no quiero, que no puedo. De hecho, el mundo en el que vivo, ya sea político, económico o religioso, es el resultado del mundo que los otros me han entregado; más aún, la lengua en la que me defino y defino el mundo es un regalo de otros. De manera que yo soy yo, pero soy otros, soy el resultado de lo que he podido organizar como conclusión final y provisoria cada día, porque como se puede deducir de lo que planteamos, esta sensación de quién soy está viva e incandescente como una llama, que día a día se mueve en una y otra dirección hasta el día de mi muerte.

Por tanto, hacer una diferencia y poner un límite entre yo y los otros es necesario solo porque permite pensarnos mejor. Pero en gran medida es una ilusión digna de indagar.

Yo

El "yo" está difuminado en la red de relaciones en las que vivimos.

El niño nace sin lenguaje, se relaciona con un padre y una madre en los que el gesto, la caricia, el alimento, el llanto, el calor, el contacto y la distancia, es decir, por medio de estas múltiples interacciones van conformando un patrón relacional, una manera de sentirse más o menos amado en el mundo. Poco a poco integra y expresa una serie de sonidos que significan personas, lugares, acciones, objetos, sensaciones; significan futuro y pasado; identidad (quien soy Yo); significan quiénes son los otros; que es lo bueno y lo malo, lo deseable y lo indeseable, y le enseñan a interpretar el mundo en el cual viven los otros y a construir su propio mundo en coordinación con el de los demás.

El niño, por medio de sus sentidos, construye un mundo, que es el mundo de lo perceptual, de las cosas. Pero es por medio de la conversación y en el diálogo como los niños crean una realidad, que es el mundo narrativo, en la que él o ella habitarán. Poco a poco surge el ser cultural, con identidad de género, de barrio, de clase, de raza, etcétera. La valoración de su imagen corporal que los otros hacen de él o ella se va transformando en su autoconcepto corporal y en autoestima, las narraciones y emociones de los otros respecto de sus éxitos o fracasos, de lo que puede o no puede, en la sensación de autoeficacia; las normas de los otros se vuelven normas y valores propios.

Esta sensación de quién soy YO, ya sea en las capas más superficiales declaradas por una persona, o en las más profundas e inconscientes, se construye a partir de todas las emociones surgidas en las interacciones o con los hechos y narraciones que ha sostenido con otros seres humanos.

La historia de la relaciones con otras personas genera una historia personal, una versión única y viva que exige coherencia y continuidad. El ser humano necesita narrar su Yo en una historia determinada y busca, por medio de su emocionar cotidiano, cuidar la coherencia y la continuidad de su relato y su búsqueda. Indagar en ello nos llevará nuevamente hacia la construcción de sentido.

Como podemos ver, este Yo está difuminado en la red de relaciones que mantiene con los otros, dado que ha sido construido en múltiples interacciones, colisiones, en vínculos de simbiosis y dependencia de amor u odio. En este mar de relaciones, el niño va construyendo lo que es, debería y no debería ser. Es de este punto de donde surgen las voces interiores de culpa, orgullo o bondad.

Los otros

Nos reconocemos a nosotros mismos en nuestra interacción con las otras personas. Imaginen que nos dejaran en un espacio en el cual no hubiera ningún otro humano o animal y donde solo hubiese piedras volcánicas. Aun cuando esto es imposible, dado que moriríamos sin los otros, llegaría un momento en que frente a la incapacidad de reconocernos mutuamente, no surgiría el lenguaje, no habría narración, ni del mundo ni de los otros ni de sí mismo. No podemos llegar a ser nosotros mismos sin los otros.

Esto es importante, ya que nos ayuda a comprender que somos seres sociales y que, por tanto, es el otro el que nos da contenido y sentido. Por ello, lo relacional tiene un peso tan importante, porque es en esta interacción donde construimos nuestra identidad y articulamos una manera de interpretar las cosas desde nuestra subjetividad.

También debemos tener en cuenta que formamos parte de un sistema. Que, aun cuando todos somos distintos, al mismo tiempo pertenecemos a una unidad. Cualquier variación, por ínfima que sea, en nuestro comportamiento –por ejemplo, en la familia, el cambio de actitud respecto a un hermano, el rechazo hacia nuestra pareja– hace que todos los elementos del sistema familiar se modifiquen. Si yo modifico mi manera de estar y de relacionarme con uno de sus miembros, ello afecta a todos.

Nosotros construimos relaciones y las construimos dentro de un sistema donde interactuamos y nos dan sentido en y con los otros. Cualquier movimiento nuestro modifica la posición de los otros, y cualquier movimiento de cualquiera de sus miembros modifica la nuestra.

Así como nosotros vamos construyendo un guion individual de nuestra propia historia, el sistema construye un guion colectivo donde cada uno de los actores tiene un papel. Cuando uno de ellos altera su rol, su espacio de acción, o el estar a favor o en contra, esto afecta a la posición de los otros. La narración que los otros hacen de ¿Qué es lo que está pasando aquí? en esta historia colectiva cambia de dirección, hay un punto de giro en la trama.

La historia del colectivo está escrita por la suma de las historias de sus miembros. Pero si uno las pudiera apilar una sobre otra, las versiones individuales sobre lo que nos sucede, para luego mirarlas desde arriba, se produciría una narración borrosa, difusa, donde una no calzaría exactamente con la otra.

Pero precisamente esa diferencia es la que mantiene viva la narración social de lo que nos sucede. La validación de una narración y la negación de otras es un proceso vivo, que va y viene afectado por el poder y su acumulación en el sistema social. Sin embargo, y aun cuando parezca muy lejano, es en medio de esta danza de los otros donde la sensación de quién soy yo oscila y se transforma. Donde algunos prefieren aceptar o transformar el mundo.

Somos el resultado de nuestra propia historia

Participamos desde la infancia en múltiples redes de relación donde aprendemos a ver y a ser vistos, a reconocer a los otros y a ser reconocidos.

Hay niños que son partícipes de las decisiones familiares, son parte de la familia y su presencia es considerada; otros, en cambio, son invisibles y se les niega el derecho a ser, estar, opinar y son tratados como una carga.

Unos viven en entornos de relación en los que la alegría y el amor envuelven lo cotidiano; para otros, el resentimiento, la desconfianza y el miedo regulan sus relaciones.

También hay quienes han oído decir que la vida es para disfrutarla, que uno solo puede ir rápido, pero que con los otros se llega más lejos, y que cooperar da más alegrías que competir.

Otros, en cambio, reciben el mensaje de que la vida es un sufrimiento y que hay que luchar y no confiar en los demás, que todo lo que no te lo puedas hacer tú no te lo va hacer nadie, y que si algo te ofrecen, es que algo quieren.

Unos y otros sentimos y explicamos lo que vivimos de forma distinta, aceptamos y rechazamos personas y situaciones diferentes. Y así vamos configurando una forma de estar, de ver, de analizar y de actuar según nuestras experiencias.

Somos seres que constantemente buscamos confirmar nuestra visión del mundo. Compramos la prensa, escuchamos la radio, asistimos a reuniones, nos vemos con amigos que nos cuentan el mundo como queremos escucharlo, para tener la certeza de que lo que creemos es lo que es, que el mundo es como pensamos y obtener así la seguridad para vivir.

Nos pasamos el día reafirmando aquello que necesitamos oír y aquello que necesitamos ver. Construimos nuestra propia narración del mundo, desde las creencias que hemos internalizado y con la explicación que damos a nuestras experiencias de vida.

Somos el resultado de nuestra propia historia, de lo que hemos vivido y con quien lo hemos vivido.

Historia personal: nuestros momentos vitales

Vivimos un presente en el que confluyen parte de nuestro pasado, nuestros sueños e intenciones de futuro.

Los momentos vitales significativos son instantes que nos han hecho incorporar o reconsiderar maneras de ver y hacer, de percibir personas y hechos. Son experiencias que nos invitan afrontar una nueva manera de caminar por la vida.

Estos momentos vitales significativos son aquellos que reformulan nuestra existencia.

Una muerte, un nacimiento, una separación, una unión; momentos de encuentros y desencuentros, momentos para incorporar, para desprenderse, momentos de aceptaciones y renuncias; momentos de viajes de búsqueda.

Momentos que modifican nuestra manera de ver y valorar nuestra realidad próxima, que nos hacen transformar nuestra vivencia del tiempo y modificar en qué lo ocupamos y cómo lo distribuimos. Momentos que nos hacen recuperar personas que hasta ese entonces eran invisibles. Momentos que nos hacen incorporar valores.

Son momentos que reformulan nuestra existencia: la muerte de un padre o una madre a través de la cual se nos muestra que ya todo depende de nosotros; un accidente de moto que nos muestra la fragilidad y la insensatez de correr hacia todos los lados sin saber muy bien hacia dónde. El nacimiento de los hijos, que le da un nuevo sentido a nuestra vida, y donde trascendemos con ellos nuestra propia existencia, pasando a segundo plano retos que hasta ese momento eran centrales para sentirnos útiles y bien.

Momentos vitales significativos que nos hacen modificar creencias.

Referentes personales y profesionales

Los referentes son personas que han influido en nuestra manera de ser, hacer y relacionarnos. Personas de nuestro entorno personal o profesional que nos dejaron una huella que hemos incorporado en nuestro ser. Esta huella puede ser positiva o negativa.

Padres, abuelos, familiares, maestros, compañeros de trabajo o amigos pueden ser referentes, guías que nos entregaron un legado para que hagamos uso de él cuando lo necesitamos. Este legado son creencias, valores, comportamientos y visiones.

Los referentes los consideramos por lo que nos hicieron sentir: seguridad, capacidad, paz, aceptación y valoración.

El legado principal de nuestros referentes es la sensación de seguridad, que nos permite construir certezas sobre nuestro futuro.

Hay algunos referentes que también nos pueden hacer sentir inseguridad, incapacidad, tensión, rechazo, cuestionamiento, dependencia, vulnerabilidad.

El vínculo donde nos reconocemos lo podemos constituir desde la fortaleza o desde la vulnerabilidad; desde la alegría o desde el sufrimiento; desde el placer o desde el dolor; desde el reconocimiento o desde el rechazo.

Tenemos una manera de ver, de describir, de sentir la realidad que nos rodea que hemos ido construyendo con nuestra experiencia en los múltiples espacios de convivencia, desde nuestra infancia, en nuestras casas familiares, en los espacios de juego, de educación, de encuentros sociales, rodeados de personas y emociones, de valores y, desde ellos, reconocemos nuestros referentes como espejos cuando vemos lo que nos gusta o lo que queremos evitar.

Con su presencia, los referentes nos dan sentido, nos reafirman por admiración o por negación, nos hacen reconocer cómo queremos ser y cómo queremos relacionarnos con las personas y situaciones.

Podemos identificar referentes que nos producen miedo y regulan todas sus relaciones desde el miedo. Actúan desde la creencia de que la obediencia, el respeto, e incluso el crear una sensación en el otro de tensión, es saludable para su desarrollo personal.

Es muy importante tomar conciencia de cómo estos referentes nos afectan, cómo muchas veces seguimos sin darnos cuenta estos patrones que se han instalado históricamente con el devenir familiar, educativo y laboral.

La consciencia del ser histórico que cada uno es, la claridad de la presencia de nuestros referentes, nos hace más presentes ante nosotros mismos.

Para estar con el otro hay que poder estar con uno mismo también, ya que para darse hay que pertenecerse.

El legado recibido

Los referentes nos transmiten un legado en forma de mandatos y de valores sobre cómo vivir las situaciones y convivir con las personas.

Son guías que aparecen cuando tenemos contradicciones o nos encontramos en un punto de bifurcación, recordándonos nuestro eje de equilibrio, nuestros valores y compromiso. Con su manera de ser y obrar nos dan ejemplos o modelos de comportamientos, valores y mandatos explícitos o implícitos.

Cuando preguntamos ¿Qué aprendiste de tu referente?, las respuestas son:

- Me inculcó responsabilidad, el valor de la amistad, la integridad y la búsqueda del equilibrio.
- Aprendí a afrontar nuevos desafíos y a tener a alguien al lado que te enseñe a dudar.
- Me enseñó la importancia de ser paciente. A mirar dentro de mí y a valorar mis posibilidades. A ser constante.
- Me enseñó a asumir los problemas en su justa medida. Los problemas a menudo agobian y paralizan. Es importante ponerlos en su justa magnitud y no hacerlos más grandes.
- Dos cosas: una, a cuestionar los hechos y lo que se considera obvio, y otra, a pedir perdón y dar las gracias.
- A saber estar en distintas situaciones. Adaptarse a las circunstancias, desarrollando la capacidad de ver con flexibilidad y a través de la aceptación del otro.

El legado es como un valor guía que nos da coherencia, nos pone límites y nos recuerda que no todo sirve y que es importante estar alerta para preservar esta brújula que nos da sentido.

Somos seres de repetición

Nos casamos con hombres y con mujeres que tienen el mismo nombre o profesión del abuelo, abuela, padre o madre. ¿Cuántas madres adolescentes han sido hijas de madres adolescentes?, ¿cuántas familias numerosas hay en las que uno de los padres es hijo o hija de familia numerosa?

Trabajamos en lo mismo que nuestros progenitores, repetimos los mismos argumentos que nuestros referentes, cometemos los mismos errores, o estamos demostrando con nuestra existencia que nosotros no somos lo que ellos quisieron que fuéramos.

¿Cómo han influido mis momentos vitales significativos y mis referentes en mi actual manera de relacionarme con los otros?

La respuesta a esta pregunta muestra nuestra tendencia a replicar: a reconocer cómo hemos sido reconocidos, a escuchar cómo hemos sido escuchados, a pedir, a ofrecer y a comprometernos con los otros tal y como se han comprometido con nosotros.

Si el padre reconocía solamente lo que hacíamos mal, puede que a los 30 años, como directivo, nos encontremos coordinando un equipo de trabajo en el que únicamente reconocemos aquello que falta, los errores y lo que se puede mejorar; y no la creatividad, la resolución y el trabajo cumplido porque pensamos que esto está incluido en el sueldo y que, si lo hacemos, se acostumbrarán y será peor.

Si los padres nos ofrecían todo lo que supuestamente necesitábamos sin ninguna petición que equilibrara el ofrecimiento, de adultos esperaremos que el Estado, la pareja, los compañeros de trabajo nos den todo lo que necesitamos y un poco más. No entenderemos que las cosas tengan que ganarse ya que las vivimos como un derecho por el solo hecho de estar con el otro, de trabajar o de existir.

Si hemos sido criados en un entorno donde las relaciones se construían desde la confianza, la consideración hacia el otro y la escucha, nosotros tendremos tendencia a reconocer y a escuchar a los otros, aceptando la diferencia, con la apertura necesaria para que los prejuicios no nos impidan estar con el otro en toda su plenitud.

Luchamos para demostrar que no repetiremos lo mismo que nuestros antecesores. Y vivimos para no hacer lo mismo que nos han hecho y no repetir lo que esperan que repitamos.

Algunos testimonios que pueden ayudar a entender el concepto:

«Porque he visto a nuestro padre hacer esto, yo no quiero hacerlo. Mi padre fue empresario y a los 44 años se arruinó. Yo tenía 16. Lo que tengo muy claro es que, en esta empresa o en otra, voy a estar siempre a sueldo. No voy a arriesgar nada».

Si hemos estado envueltos en gritos y enfrentamientos en la convivencia con nuestros padres, o nuestra madre fue abandonada por su pareja, evitamos tener una pareja estable y asumir compromisos perdurables con la intención –consciente o inconsciente– de que no se repitan las escenas de tensión que nos hicieron sufrir.

Si hemos visto a nuestra madre trabajar hasta muy tarde, sin poder compartir con nosotros todo el tiempo que hubiera deseado porque siempre estaba antes el trabajo, podemos acabar eligiendo un trabajo que nos permita estar con los nuestros con una clara consciencia de no querer repetir el mismo esquema familiar. Que no nos haga cambiar el éxito profesional o el dinero por tiempo para compartir con los hijos.

Ser consciente de lo que repetimos y de lo que luchamos para no repetir nos da claridad en los juegos de la vida en que estamos ocupados.

Penélope nos narra su historia, sus comentarios vitales significativos, sus referentes, sus repeticiones..., su vida, el resultado de su propia historia.

«... Soy Penélope la mayor de tres hermanos. Joaquín, mi hermano menor, nació un año después que yo, con él siempre tuve una relación de cariño aunque de competencia dado que estábamos muy cerca el uno del otro.

»Cuando tenía cinco años nació mi hermana Carmen, quien desarrolló una relación conmigo de mucho amor y admiración por parte de ella. Y de mucha ternura y cariño de mi parte.

»Desde pequeña, Carmen me llevaba el té a la cama, se ponía a cantar una canción (que era una señal de complicidad entre nosotras) e inventábamos entretenidos juegos. Durante nuestra infancia compartimos muchos momentos hermosos e inolvidables. Al ser cinco años mayor, yo era quien llevaba la iniciativa. Carmen alimentaba en mí la sensación de ser buena, creativa e inteligente, de alguna forma me daba seguridad. Ella me seguía e imitaba en todo y yo disfrutaba de esta relación.

»Con el tiempo crecimos y yo me fui a estudiar diseño a Londres. La relación con Carmen se enfrió ya que cada una hizo su vida, aunque el cariño siempre se mantuvo. Cuando volví a Barcelona puse una agencia de diseño en la que me asocié con una amiga. Mi hermana estaba estudiando arte y, como una manera de volver a estrechar la relación, le propuse que trabajara para mí. Pero esto provocó que tuviéramos un fuerte conflicto.

»Por un lado, ella vio que yo tenía mucha complicidad con mi socia y que, de alguna forma, había ocupado su lugar. Con Carmen empezamos a tener problemas por el incumplimiento de sus compromisos. Mi socia la trató muy mal por su irresponsabilidad y, creyendo que solo era cuestión de trabajo y que no se ponía en tela de juicio nuestro afecto, me sumé a las críticas. Esto provocó que se rompiera nuestra relación con Carmen, no solo laboral, sino también afectiva.

»La relación con Carmen fue de mucha tensión durante años y de mucha descalificación sistemática de ella hacia mí. Y aun cuando yo seguía entregándole afecto, la herida que yo generé en ella no le permitía volver al afecto mutuo que teníamos. Con el paso del tiempo conversamos, le pedí perdón. Después, incluso yo terminé la sociedad con mi amiga. Y Carmen aceptó las disculpas, pero la relación no se restauró.

»Luego, comenzamos a trabajar juntas de nuevo porque yo ingresé en el directorio de la empresa familiar donde ella también trabaja. La empresa es una imprenta que mi padre fundó y sacó adelante con mucho esfuerzo. Nuevamente volvió a darse esa relación donde yo tenía más poder que Carmen. Y en las reuniones de directorio, el conflicto se incrementó significativamente. Por mi parte me preocupé de ayudarla mucho durante ese tiempo, pero ella seguía dándome golpes. Incluso, luego de eso, yo la busqué para volver a restaurar el vínculo, pero ella se resistía a creer que mi sensación de herida era real. Carmen no lograba ver que me dañaba con su actitud. Asumía que sus dichos y sus actos eran simple espontaneidad de la rabia que tenía y negaba que hubiera un conflicto entre nosotras.

»Pero en un momento determinado, ella y mi padre se vieron enfrentados por un error que cometió involuntariamente, pero que le provocó un daño importante a la imprenta. El tono de mi padre fue de mucha dureza. En ese momento, Carmen logró sentir y homologar la sensación de dolor que ella sentía por la ruptura con nuestro padre, al dolor que yo sentía por el quiebre del vínculo con ella, lo cual provocó empatía con lo que a mí me pasaba. Mi hermana me pidió perdón con un alto nivel de conexión emocional por la sistemática oleada de descalificaciones y agresiones que había manifestado conmigo, donde yo no había reaccionado nunca mal, y eso lo valoró muchísimo.

»Mi padre le permitió a Carmen tener una experiencia donde ella se sintió desamada. Mi padre cumple el rol del amor incondicional, él es la bondad, el esfuerzo, el trabajo y la dedicación por sacar adelante a la familia, es un hombre muy fuerte, y al mismo tiempo, muy amoroso. Él representa la sabiduría, se da cuenta cuando estás triste, mal, y el que corrige la injusticia dentro de la empresa y la familia, donde no permite que nadie abuse de otro. Es el que pone los acentos en quién es quién y qué lugar ocupa. Cuando mi padre se enoja con Carmen, la pone en un muy mal lugar dentro del sistema. Esto a mi hermana le duele, ya que le hizo perder la posición de gracia e incondicionalidad que los demás tienen con él.

»Al sentirse caída, se siente sola, mal, triste y tiene una fuerte sensación de ruptura. Su lugar en la familia cambió de manera drástica y dolorosa. Esto le permite homologarse con lo que yo siento y levantarme el "castigo"...»

Así es como Penélope narra su historia vital, en ella hay amor, odio, encuentros y desencuentros; así son nuestras vidas: un fluir cambiante y continuo donde vamos aprendiendo a relacionarnos con nosotros mismos y con los otros y a hacernos responsables de lo que generamos.

Todos queremos relacionarnos de forma saludable y disfrutar de estar con los demás. Tomar consciencia de cómo nos relacionamos es un paso necesario para construir los espacios en los que encontrarnos, para ver a los otros y para ser vistos por los otros.

Convivir con los otros desde la consciencia no es nada fácil.

3. ¿Cómo vemos y cómo somos vistos?

En el mundo relacional, en las redes donde participamos desde nuestra más tierna infancia, hay niños que desde pequeños han sido vistos. Se les ha puesto en la mesa de los adultos, han podido ser parte de las conversaciones familiares desde un plano de igualdad. Y se les ha dado la oportunidad de conocer muchas cosas más allá de su núcleo central; más allá de lo concreto, de su cuarto y de su barrio.

Hay otros niños a los que nunca se les ha permitido participar en las conversaciones, se les dice que son conversaciones de adultos. Así que los colocan frente al televisor, los mandan a jugar, son desplazados de lo que es la vida de sus padres.

Hay casos realmente sorprendentes, en ciudades costeras hay chavales de 10 años que viven a 400 metros de la costa y no han visto nunca el mar. Para ellos el océano es invisible, nacieron en guetos cerrados, juegan en la calle porque hay toda una red que los va sustentando, pero nunca salen de ese entorno, todo lo que está fuera de su radio para ellos no existe.

En las grandes urbes hay gente que nunca ha ido a otro barrio, hay todo un espacio que les es invisible. Unos, porque les da miedo; otros, porque no quieren ver, ya que les hace preguntarse demasiadas cosas. Ahí radica una voluntad de hacer invisible algo que cuestiona su existencia y su visibilidad.

En nuestra vida ocupamos distintos roles según los espacios relacionales en que estemos, ya que somos padres, jefes o empleados, somos amigos de nuestros vecinos, ocupamos una posición determinada en nuestro equipo de fútbol, y en cada uno de estos espacios establecemos roles con diferentes grados de visibilidad.

A veces, en el mundo laboral –cuando somos trabajadores– en un momento dado nos ascienden a un cargo directivo y la expresión recurrente es: «no sé qué me pasa que desde que me nombraron jefe de departamento la gente me trata diferente», «es como si me viera diferente». Y objetivamente es así, porque la gente a él o ella lo ve diferente y se empieza a ver cosas de la organización que hasta ese momento no se veían. Y en las empresas hay gente a la que se le paga por ver lo global y hay gente a la que se le paga por ver lo concreto.

«¿Tú eres padre o hijo?»: una pregunta muy interesante que podría plantear un niño a un adulto. El hecho de la paternidad o la maternidad hace visible cosas que hasta ese momento eran invisibles para los otros, emergen emociones distintas, la escala de valores se modifica, y entonces empieza otro juego de visibilidades e invisibilidades.

Cuando nosotros, después de un análisis entre nuestra economía y nuestros deseos, compramos un coche, automáticamente vemos ese coche con otras personas, buscamos la reafirmación de que nuestra decisión es la correcta y empezamos a ver coches como el nuestro que nunca habíamos visto.

Viajamos a otra ciudad y nos enamoramos de ese lugar porque nos ha hecho ver cosas sobre el tiempo, el dinero, lo esencial, lo superfluo, y nos enamoramos del momento en que nosotros estuvimos allí. Cuando volvemos a nuestro espacio de relación en nuestro hogar, en nuestra cotidianeidad, automáticamente vemos cosas que antes eran invisibles aunque estuvieran frente a nosotros.

Por tanto, en nuestra red, tanto personal como profesional, somos vistos y vemos desde el rol que estamos desempeñando en ese espacio. Y vemos siempre lo que necesitamos y lo que reconocemos como útil en cada momento.

A veces somos visibles, otras veces, invisibles

Es muy importante entender que tanto en nuestra vida personal como en nuestro trabajo tenemos espacios invisibles. Por ejemplo, hay maestros de escuela que en un momento dado le dicen a los niños: «Ustedes, pónganse al final que no los quiero ni ver». Con esa expresión, el maestro condena a los niños a la invisibilidad, en un momento en que ellos están configurando un aprendizaje, porque les están marcando una finalidad y están poniendo límites a su propio desarrollo.

Hay muchas mujeres que reclaman amargamente: «a partir de los 45 años nos hacemos invisibles, no nos ven», y le dicen a su marido: «llegas a casa y es como si no existiera, ya no sé si estás casado con la empresa o conmigo. Últimamente no ves ni a los niños».

El tema de la visibilidad y la invisibilidad es un concepto tremendamente cotidiano y marca muchísimo la calidad de las relaciones. Las relaciones humanas son un mar de opacidades y visibilidades, con distintos matices de transparencias. En algunos momentos somos figura, en otros momentos somos fondo. Y es muy importante ser consciente de ello.

Los invisibles

En esta mirada, siempre hay zonas invisibles, hay barrios invisibles, hay personas invisibles, que pasan desapercibidas aunque podrían ser útiles y necesarias para lograr nuestros retos y nuestros objetivos, pero desgraciadamente no los vemos. La única forma de remediarlo es a través de la escucha y el reconocimiento, acciones fundamentales para configurar relaciones poderosas.

El acoso laboral en las organizaciones se basa en hacer invisible a alguien, se le relega a un sitio en que no aporta nada, se le reducen los encargos, no se le convoca a las reuniones y, progresivamente, se le hace desaparecer de la organización, y eso es difícilmente insoportable para un ser humano.

Cuando trabajamos con indigentes, ellos nos explicaban que cuando piden en la calle la ofensa más grande no es que no les den dinero, «entendemos que no nos den, pero la ofensa más grande es que cuando nos dicen que no, ni siquiera nos miran».

La invisibilidad es el resultado de nuestra falta de reconocimiento.

Negamos, por tanto, la existencia de personas y hechos, con una idea mágica de que, ignorándolos, no nos afectará en nuestras redes, y esto es un error: no considerar una persona o situación no hace desaparecer los efectos que esta situación o persona genera en el entorno personal o profesional.

Negar al otro no tiene el efecto de hacer desaparecer a la persona, negar una situación no la hace desaparecer, no querer ver es una opción que no es inocua, tiene sus efectos, y hacer invisible a alguien siempre produce tensión.

Nuestra finalidad última en el enfoque relacional es ampliar la capacidad de ver y de estar en situaciones diferentes. Ello nos da poder para movernos y aumenta nuestra capacidad de transformarnos y de transformar a los que nos rodean.

Hay otra parte del ser visto, y se trata de aquellos que no nos ven o tienen dificultades para vernos.

Ser consciente de ello nos puede ayudar a comprender en que espacios estamos presentes y en que espacios ausentes y cómo estamos en nuestra familia, cómo nos movemos en nuestra red de trabajo. Así como dónde no vamos y tendríamos que ir ya que nos dan pereza los actos sociales o reuniones, porque somos más de acción, o porque somos más de la familia nuclear y no nos gusta relacionarnos con extraños.

Las ausencias y las presencias tienen consecuencias. Si no estamos presentes, no nos pueden ver.

Hay personas que están todo el día dando vueltas, moviéndose por muchos lugares, pero en cambio no van a los sitios donde también es necesario que los vean. Así que su ausencia hace que no pasen cosas que desearían, ya que no les pueden reconocer.

Es básico cuidar nuestros espacios de relación donde manejemos nuestra visibilidad, para hacer posible que quien nos tenga que ver nos vea, y que, siendo consecuentes, nuestros objetivos profesionales, nuestros sueños, se cumplan.

Por tanto, es bueno ordenar el tiempo para que nos vean, para que quienes no te ven o te ven poco entiendan que quieres ser visto. La presencia en nuestras redes relacionales está ligada a nuestra capacidad de visibilidad e invisibilidad.

Preguntas para ver y ser vistos

Tres preguntas nos pueden ayudar a mejorar nuestra presencia relacional, es decir, nuestra visibilidad en lo que vemos y en cómo somos vistos.

• ¿Cómo quiero ser visto por los otros?

Evidentemente, esta es una pregunta que tiene que ver con el "ideal" de nosotros mismos que responde a cómo nos gusta vernos. Tiene que ver con capítulos anteriores de nuestra vida, con cómo nuestros referentes nos han tratado. Si nuestros referentes nos dieron el valor de la honestidad, nos gusta vernos honestos; si hemos vivido en entornos donde la exigencia era muy alta y la exigencia era valorada como positiva, nos gusta que los otros nos vean exigentes y nos da satisfacción que los otros nos vean así.

Hacemos una gran cantidad de cosas consciente e inconscientemente para que los otros nos vean como nosotros deseamos ser vistos.

Una persona que tiene un ideal de sí como un trabajador riguroso, es puntual, cumple los acuerdos, no se expone a riesgos; cuando hay incumplimientos por parte de otras personas, él se sobreadapta y dice: «ya lo hago yo», aunque pague un precio, que es doble trabajo, pero lo considera beneficio porque reafirma cómo él quiere ser visto.

Otra persona que se siente creativa, innovadora se comporta aportando ideas sin que le sean solicitadas, más orientada a los resultados que al cumplimiento de las normas, busca el riesgo y los retos difíciles, también paga un precio, nunca puede permanecer en un proyecto y que cuando ya está iniciado o el problema resuelto, ponen a otra persona para desarrollarlo.

- ¿Qué tipo de situaciones y personas evitamos y las hacemos invisibles ya que no hacen cuestionarnos?

Hay personas que muestran una cierta negación a ver el conflicto para evitarlo. Hay personas a las que les cuesta ver a quienes son distintos.

Nos será útil identificar las situaciones en las que nos desenvolvemos mal y rehuimos. El hecho de hacernos invisibles no quiere decir que no nos influya en nuestras vidas, ni tampoco evita la manera en que nos ven los otros.

Reconocer al otro nos puede costar, sobre todo cuando el otro es muy diferente a mí; la diferencia nos inquieta y tendemos a aceptar aquello que nos es familiar, porque nos da certeza y seguridad.

- ¿Qué tenemos que incorporar en el quehacer diario para hacer visibles a quienes no vemos?

Preguntar a los otros lo que no vemos y no podemos ver. Preguntar a las personas queridas para que nos ayuden a ver lo que no vemos; conversemos con nuestros colaboradores o compañeros de trabajo para que nos ayuden a identificar aquello a lo que tenemos tendencia y aquello que se nos hace opaco y ciego a nuestra mirada.

Al preguntar consideramos la posibilidad de que hay cosas que no vemos y ampliamos nuestra capacidad de ver y, en consecuencia, de ser vistos.

4. ¿Cómo te relacionas?

La red en que vivimos: una reflexión previa

Vivimos en una urdimbre de relaciones que es difícil de visualizar y manejar porque es una red dinámica y sistémica, constituida por muchas personas conectadas afectándose mutuamente de forma continua en torno a nosotros. Nadie puede pretender manejarla, pero sí podemos afectar a nuestro entorno relacional para vivir mejor. Proponemos, pues, tres dimensiones relacionales para pensar y actuar sobre la red en que vivimos.

Primero, *la relación con uno mismo*; en segundo lugar, la *relación con las personas que amamos y nos aman*, que hemos llamado *Red primaria*, y, por último, la relación con aquellos que trabajamos y generamos los recursos para vivir, que hemos llamado *Red secundaria*.

La vida sucede en su mayoría en estos tres ámbitos relacionales, desde allí creamos el mundo en el que vivimos, experimentamos la felicidad y la amargura, el tedio y la ausencia de sentido, así como también la plenitud y el éxito. Y en cada una de ellas podemos encontrar claves valiosas para poder vivir plena y poderosamente la vida.

Cómo creamos, cuidamos, rompemos y restauramos nuestras relaciones en estas tres dimensiones relacionales básicas, no solo afecta a nuestros estados de ánimo, sino que además define los espacios de posibilidad en que nos movemos y se moverán nuestros hijos, nuestros colaboradores, nuestros emprendimientos y clientes.

¿Cómo crear, ampliar, cuidar y ver la red en la que vivimos?

La relación con uno mismo

El vínculo fundamental de la trama relacional en que vivimos es *la relación que tenemos con nosotros mismos*, siempre nos acompañará, determinando en gran medida cuán felices podamos ser y cuán felices podamos hacer a otros.

La *primera persona de valor* en la red somos nosotros mismos. Es el único vínculo al cual podemos –y además es necesario– exigir aceptación positiva e incondicional, amor, cuidado y dedicación. La relación con uno mismo es, al mismo tiempo, la base y el resultado de la relación con otros.

¿Cómo surge la relación con uno mismo? Surgimos de la relación entre dos personas, y ya en el vientre de nuestra madre nos relacionamos con ella para nutrirnos y crecer. Es en la relación con nuestros cuidadores donde se encuentran las claves de la relación que mantendremos con nosotros mismos durante toda la vida, allí se encuentran muchas de las pautas que seguiremos para relacionarnos con otros en la vida y el trabajo. Quienes aguardan nuestro nacimiento lo hacen muchas veces desde el amor y la ilusión, y, en ocasiones menos afortunadas, desde la tristeza, el miedo o la angustia. Sin embargo, independientemente del tono emocional y de cuál sea la historia de nuestra familia, somos protagonistas de una "trama", donde la sensación de quiénes somos es el resultado de cómo hemos sido sentidos, interpretados, actuados y descritos por ellos. Esta es la matriz relacional que determinará la base de nuestro estilo de relación con nosotros mismos y con los demás.

Hemos elegido tres formas de relacionarnos con nosotros mismos que son causa de sufrimiento relacional, las hemos escogido por su recurrente aparición en nuestros programas de asesoría. Luego mostraremos algunos criterios del cuidado para la buena relación con nosotros mismos.

El falso amor a sí mismo

A modo de broma, alguien nos dijo una vez que, al levantarse por la mañana y mirarse al espejo, le daban ganas de dejarse en casa y salir solo, caminar libre por la calle y sentirse definitivamente feliz. Por lo general, la gente se ríe cuando oye esta historia, pero detrás de este relato, ridículo en apariencia, hay, en efecto, una salida al dilema del falso amor a sí mismo.

A muchas personas les pasa que frente al cansancio de sostener una imagen ideal de sí ante los demás, sueñan con abandonarla y salir a la calle en contacto consigo mismo, con el yo real, aquel que puede estar confuso, que puede ser muchas veces tranquilamente imperfecto y torpe, y que no pase nada.

Vivimos en una cultura que se ha vuelto crecientemente narcisista, cada día se valora más a las personas por la imagen que proyectan, más que por quienes son realmente; más por el personaje que han construido para salir a la escena de la vida o el trabajo que por el hecho de existir. De alguna forma han aprendido que esta manera de ser y estar en el mundo es rentable, sin darse cuenta de los enormes costos que genera en la relación consigo mismos y los que aman.

Con un poco de claridad, alguien podría decir: «... no puedo seguir en esta locura, cada día que pasa siento que vivo y trabajo para otro que no soy yo. He perdido la capacidad de emocionarme con las cosas simples, solo me ilusiona lo que brilla, lo que me sirve para llegar a la meta, estoy lanzado en una carrera donde el dinero y el reconocimiento público los aprendí a acumular fácilmente. Soy exitoso, pero sospecho que no soy feliz. Mis vacaciones ideales se llenaron de conflictos con las personas que se supone que amo y me aman, y ellos se han transformado en unos perfectos desconocidos. Mis nuevos amigos no son míos, son amigos de mis circunstancias. Temo que un día quiera parar con todo esto... Pero no sabría qué hacer..., todo lo que he logrado hasta ahora sería una pérdida de tiempo, un error. ¿Qué hacer? Lo mejor será callar y seguir, seguir viviendo para el personaje pero no para mí».

En algún momento de la vida a esta persona se la valoró por quien no era, posiblemente una madre que quería lo mejor para su hija, pero que le daba afecto solo cuando lograba algo, exagerando sus logros hasta que la niña sentía una mezcla de vergüenza y orgullo. Allí se incubó esta impostura: soy querida cuando soy útil a los deseos de mi madre, seré lo que ella quiere, algún día se sentirá orgullosa de mi; ella cree que soy mejor de lo que soy, si se diera cuenta de quién soy realmente no me querría, yo no valgo, pero me esforzaré por ser o parecerme a esa de la que mi madre habla y quiere. Esta narración de sí mismo es un buen ejemplo de cómo se construye y daña la relación con uno mismo.

Es muy probable que la imagen perfecta exigida por la madre se aleje como un espejismo cada vez que se avanza; entonces, la única manera de alcanzarla es la impostura, actuar desde el personaje ideal y quedarse prendida en él.

Atrapado en el personaje, no queda otra cosa que sentir lo que debería sentir el personaje: se cortan las conexiones emocionales con su mundo interior y se puede llegar a pensar que aquellas emociones son auténticas. Parecerá muy seguro de sí, pues no se permite la inseguridad; se narrará como alegre, pues no hay dolor para alguien como él.

El gerente de una petrolera, en medio de un ejercicio de conexión corporal y mirando impertérrito al *coach*, muy educadamente, le decía: «es que en todos estos años a mí me operaron de los nervios, ya no siento nada».

De tanto sentir lo que es útil a su personaje, de tanto bloquear aquello que de sí no conviene, termina por no ver el mundo interior de los otros, aprende a solo conectar con los estados de ánimo que le son útiles de los demás. Llegando incluso a operar como si los demás fuesen actores de reparto de su gran película, simples medios para lograr el éxito.

Un hombre procuraba hacer que su equipo de trabajo lograra las metas que él había prometido al corporativo, cuando alguno de ellos se equivocaba, desde la desesperación él lo humillaba delante de todo el grupo. Cuando le preguntamos por qué lo hacía, nos respondió que era una técnica para acelerar el proceso de aprendizaje del equipo, de esa manera se equivocaría solo una persona una vez, y entonces el resto aprendería. Después de conversar un rato sobre el tema, le preguntamos qué pensaba respecto a lo que sentían sus colaboradores cuando él los criticaba en púbico. Sorprendido, dijo que jamás se le habría ocurrido hacer algo así, que para él esa pregunta no tenía sentido, que no correspondía al espacio del trabajo. Argumentó que él gestionaba muy bien sus emociones, que desde hacía mucho tiempo no sentía nada y que esto le permitía pensar fríamente y tomar las decisiones más correctas; además él esperaba que cada uno de sus colaboradores desarrollara esta capacidad de manejo emocional y, en vez de sentirse humillados, desarrollaran una acción en función de lo que él les pedía.

Había logrado desconectar sus propias emociones inútiles hasta tal punto que tampoco era capaz de ver las de los demás.

Una persona que se ha abandonado así, crea y migra hacia el personaje e incluso se posibilita que llegue a sentir como propias las emociones del personaje. De la misma manera que un actor llega a emocionarse con el guión de la obra de teatro, algunas personas que se han divorciado de sí mismas llegan a sentir alegría, ternura y hasta tristeza en función de lo que la partitura del personaje les exija.

Es tanta la energía que se requiere en este ejercicio que, después de haber dejado de sentir, no se puede ver el mundo interior de los demás. Es imposible aceptar que los otros son otros, que poseen sus propias vidas, y que esas vidas son tan importantes como la propia, pues al haber abandonado su existencia no hay capacidad para comprender y considerar la de otro.

Caer en la utilización de los demás está solo a un paso, incluso sin darse cuenta. Todos albergamos en nuestra naturaleza la capacidad de hacer que otros hagan lo que queremos, pero lo natural es que cuidemos que los otros sientan que en esto hay reciprocidad, que ambos estamos de acuerdo, nos gusta y sentimos un beneficio mutuo. Cuando la falta de amor a sí mismo es aguda, algunas personas llegan a utilizar a los demás como fichas en un tablero de ajedrez: los más sofisticados utilizarán toda su simpatía y capacidad de seducción para manipular; otros, más burdos, sencillamente recurrirán a la coerción, para hacer que los demás contribuyan a mantener incólume la imagen pública de su vida, que es lo único que cuenta.

El hijo de un hombre que pertenecía a un mundo conservador decía que su padre siempre le dio todo lo que él podía necesitar, pero que jamás sintió que realmente lo amaba. Se quejaba de que siempre lo más importante para él era cuidar de las apariencias. Cada vez que la familia se preparaba para recibir alguna visita, su padre siempre se mostraba muy contento, amable y lleno de energía incluso antes que llegaran los convidados, entonces lo besaba, hablaba de sus éxitos y le obligaba a contar con detalle sus logros académicos. En esos momentos, me contó que llegó a sentirse visto y valorado genuinamente, que a su padre por fin él le importaba. Pero concluida la escena, todo volvía a apagarse. Siempre le exigió mucho intelectualmente, y él a estas alturas de la vida estaba convencido de que esto tan solo le importaba porque le permitía completar con evidencia cierta su ilusión de una vida perfecta.

La falta de amor a sí mismo genera la sensación de vacío, se abre un hueco inagotable que llenar, una distancia entre el yo real y el yo ideal y falaz, entre lo que realmente soy y lo que necesito ser. Aquellos que optan por entrar en este juego necesitan hacer creer a los demás que dan la talla con creces, para así poder creer en ellos mismos. Lo más triste es que nos encontramos más veces de las que quisiéramos con versiones sutiles, y otras no tanto, de esta manera de vincularse consigo mismo.

La trampa de la victimización

Otra manera de elaborar la relación con uno mismo es por medio de la victimización. La estima dañada lleva a la persona a sentirse sin derecho a merecer. A narrarse y sentirse menos que los demás; menos capaz, menos apuesto, menos talentoso, menos ágil. Construye un mundo en el que no se siente responsable de lo que le pasa, y tampoco se siente responsable de hacer que esto cambie, el control de su vida está fuera de sí. Muchas veces buscan poco en la vida y no se permiten soñar. Al interactuar con otros aprenden a manipular desde la posición de víctima. Encuentran ganancia al colocarse en una postura de debilidad para conseguir amor por medio de la protección, para conseguir afecto por medio de la conmiseración, para conseguir dedicación como resultado de la solidaridad de un tercero.

Sin embargo, quienes se victimizan sienten mucha rabia contra el mundo. De alguna manera sienten que todo esto es injusto. Puede que sea tan bajo su amor a sí mismos que incluso tienen miedo de expresarlo o de llevar a cabo acciones coherentes en contra de la rabia que experimentan. La presión acumulada por esta sensación continua de injusticia les lleva a explotar por diversas vías, ya sea por el deterioro de su propia salud, como en la relación con otros cuando dejan de sentirse ayudados.

La actitud podría ser la siguiente: «no me gusto, me siento sin derecho a merecer, siento que los otros son más que yo, que no puedo ni quiero competir; y siento que la causa de esta minusvalía no es mi culpa, es mi destino». Estas personas ponen fuera de sí el control y el destino de su vida, renunciando a luchar. Viven dependiendo de otros y articulando sus relaciones de forma muy pobre. Incluso pueden desarrollar ideas mágicas muy fuertes, esperando que un milagro les puede salvar el día, que un iluminado les leerá el futuro, pero el motor de la vida está fuera de ellos.

Yo soy a través de los otros

Otra expresión de la relación con uno mismo se da en el juego interior de «yo puedo llegar a tener un valor como persona solo si otros me valoran». En este caso, la persona construye relaciones muy adhesivas con los demás, buscando siempre identificarse con ellos y deseando la confirmación continua de quién es él o ella ante los ojos de los demás. La lealtad aparece como un valor central y se busca mantener buenas relaciones con los demás pagando precios muy altos, dado que se vulneran los límites personales. Esto sucede porque no son capaces de reconocerse a sí mismos como "otro" en la relación.

De alguna manera, es un "yo soy" en la medida en que los otros me valoran y me quieren, y por tanto estoy al servicio de los demás de manera automática.

La persona puede parecer muy solidaria, pero su vínculo con los otros no es por el otro, sino para suplir la necesidad de confirmación de los demás. Esta manera de relacionarse les hace perder la autonomía, llegando a tener miedo de ser abandonados o aplastados por los otros en un conflicto no deseado; estos temores pueden hacerles huir y romper los vínculos de forma inexplicable para los demás, por temor a la dependencia total.

En el fondo de su corazón hay mucho miedo al abandono y la soledad, a no saber quién se es realmente; tienden a sentirse culpables cuando se rompen los vínculos y tienen dificultades para poner límites y decirle que no a las demás personas ya que buscan la aceptación de forma sistemática.

Por ejemplo, en el caso de un ejecutivo, este no podrá imponer sus criterios ya que siempre estará buscando confirmar el afecto, sentirse validado y reconocido. Tendrá dificultades para ejercer el poder y problemas para liderar a otros.

Parecen ser "buenas personas" y se ven como "buenas personas". No son agresivas, resulta difícil imaginar que puedan hacer daño. Pero esto es simplemente porque temen expresar su rabia, creen que la consecuencia será la ruptura del vínculo. Hay *mantras* o frases por los que se guían estas personas, como: «no soy nada sin ti», y como contrapartida: «me siento absorbido por ti», también esto les asusta y esconden el deseo de «quiero ser yo», pero en el momento de alejarse se muestran condescendientes y no logran diferenciarse. Son capaces de ser amigos de alguien sin sentir genuinamente afecto por la persona. Solo siente la necesidad de que el otro les devuelva el afecto que necesitan para sentirse bien definidos.

Esta forma de relación consigo mismo, de «ser a través de los otros», puede ir en dos direcciones: la persona puede construir un vínculo útil, en el que el otro sirve para devolver una imagen positiva de sí; o con alguien más débil que dependa de él. En ambos casos, esta persona está utilizando inconscientemente al otro.

Se puede expresar con la siguiente frase: «Tu éxito o felicidad si no me incluyen, me hieren, y lo obtienes a mis expensas y no puedes sobrevivir sin mí. Quiero que te vaya bien porque si me incluyes, a mí me va bien». Está el caso del "buen segundo", la persona que siempre le gusta estar detrás de los grandes éxitos. Es quien le dice al líder que va a llegar muy lejos, alimentando su ego. Ellos van detrás de su jefe, acumulando triunfos y siendo reconocidos. Pero una vez que ese líder cambia de rumbo, este "buen segundo" queda a la deriva, solo, sin poder surgir.

La buena relación con uno mismo

Solo se puede cuidar aquello que se conoce, por tanto, la clave de una buena relación con uno mismo es la consciencia de cómo nos narramos en la actualidad, cuáles son nuestras emociones predominantes y cómo llegaron a gobernar nuestra vida.

Cuidar la relación con uno mismo es ser conscientes de cómo nuestra historia de interacciones ha influido en la manera de mirar el mundo, en las emociones que habitamos cotidianamente, las sensaciones corporales asociadas, y de cómo ha surgido la seguridad que tenemos respecto de nuestras capacidades, nuestro atractivo y todas las creencias que constituyen las vigas narrativas, guiones, referentes y mandatos.

Poco a poco, el camino del autoconocimiento y de la restauración emocional nos permitirá construir relaciones de buena calidad que, a su vez, ayudarán a consolidar una buena relación con uno mismo.

La calidad de la relación de los padres con sus hijos es el fundamento sobre el cual los hijos construyen la relación consigo mismos. Todos los días nos despertamos y narramos la historia en que vivimos; sin querer, nuestros objetivos del día, los temores y preocupaciones surgen de esa narración de quiénes somos en un mundo tan personal.

De tanto habitar en esta historia llegamos a la sensación de que es absolutamente real y que difícilmente podría ser de otra manera. De alguna forma disfrutamos de esta experiencia, pero muchas veces también sufrimos y hacemos sufrir a otros; el autoconocimiento nos permite poner entre paréntesis esta interpretación y nos abre la posibilidad de reescribir y potenciar aquellas cosas que nos hacen vivir plenamente.

Si indagamos en quiénes han marcado nuestra vida y buscamos en los momentos que nos resultan significativos, encontraremos en ellos valores, mandatos, referentes, y todo tipo de elementos que nos develarán claves valiosas para comprender nuestras actitudes y estados de ánimo. A partir de estos descubrimientos podremos aceptarnos, perdonarnos y disfrutar de nosotros mismos. Poco a poco podremos salir del temor que, a veces, genera el autoconocimiento respecto a la curiosidad de indagar y descubrir nuestro mundo interior y sus raíces.

Las huellas que han dejado las interacciones tempranas sobre la relación que tenemos con nosotros mismos no solo quedan plasmadas en la narración, sino también en la emoción y la corporalidad, en la manera en cómo fluye nuestra energía vital. Con el paso de los años, todos podemos ver las huellas corporales que nos ha dejado el torbellino relacional que hemos vivido. Si ponemos atención respecto a nuestra manera de estar en el mundo, notaremos que hay ciertas emociones que prevalecen y resultan fáciles, mientras que con otras no conectamos, nos cuesta aceptarlas y expresarlas. La observación de nuestra corporalidad también nos llenará de asombro, al descubrir posturas, gestos, ritmo, distancia y el tono muscular que constituyen nuestros hábitos corporales.

Otra manera de abordar el fortalecimiento de la relación con uno mismo es crear un verdadero sentido de urgencia en cuanto a que el momento de vivir plenamente es ahora, y no mañana. Vivimos en una cultura donde el futuro rapta nuestro presente, nos llena de sueños y temores, alejándonos de la única posibilidad de ser felices y estar satisfechos con lo que tenemos y somos. En ocasiones caemos en la ilusión de que somos muy importantes y cuidamos nuestro prestigio y la imagen que proyectamos, pero si nos detenemos un momento a apreciar el lugar que ocupamos en el universo y nuestra brevedad, podemos concluir fácilmente que gozamos de toda irrelevancia, aunque al mismo tiempo el milagro de nuestra existencia es maravilloso.

Uno de los fundadores del Instituto Relacional de Barcelona un día decía, a modo de broma existencial: «No somos nada», y hacía un pequeño silencio y, antes que uno le dijera algo, agregaba: «y ni falta que hace». No sé si el chiste era tan bueno; después lo probé con otros y pocos se reían, pero pensé que era mi falta de gracia para hacer reír a los demás. Con el tiempo, me di cuenta de que algunos reían, los más viejos, los menos arrogantes, los más curtidos, los más amorosos. Caer en la trampa del valorarse a sí mismo por cualquier cosa que no sea la gracia del estar aquí es la arena movediza de los cimientos de un yo que no se ama.

Esto parece raro de buenas a primeras, pero si piensas en lo pequeña, breve e inestable que es tu existencia en millones de años luz de estrellas, lo único posible es valorar la maravillosa sensación de estar aquí y ahora.

La persona que tiene consciencia de brevedad e irrelevancia, y que además está en paz con esto, puede mirar a otros desde la paz, desde la aceptación de sus características, desde la curiosidad de comprender cómo es que el otro llegó a ser así.

Utilizar una máscara hoy se expresa en la necesidad de una marca, de un título, de un grado, de un ingreso económico anual importante, de una casa imponente, de una estética corporal ideal, de una pose intelectual de vanguardia, de una familia unida, de una estatura espiritual iluminada. Incluso, para algunos, esta máscara se transforma en el antifaz ideal para esconderse de sí mismo y los demás.

La consciencia de fragilidad y finitud nos permite conectarnos con la cercanía cotidiana que tenemos con la muerte. Tendemos a olvidar el hecho de que moriremos y que puede ocurrir en cualquier momento. Es común encontrar que una enfermedad fulminante cambie la manera de valorar las cosas en una persona; lo único que ha pasado es que su consciencia de fragilidad y finitud se ha incrementado.

Por último, el asombro vital surge de las dos anteriores como una consecuencia necesaria para vivir plenamente. Ante la consciencia de finitud e irrelevancia podríamos caer en una depresión suicida, sin embargo, si buscamos en nuestras raíces ancestrales, nos encontraremos que lo que mantiene vivos y plenos a los seres vivos de este planeta es la capacidad de disfrutar intensamente los momentos. Como dijo el cantautor Jorge Drexler: «amar la trama más que el desenlace». Somos finitos, breves e irrelevantes, pero somos maravillosos, estamos vivos, tenemos conciencia, podemos sentir, estar y... ¡eso es lo único que vale! Cuando todo se acabe, ya no habrá nada que decir. A una persona que aprende a valorar hasta la plenitud el hecho de estar le resultará mucho más fácil no poner exigencia al amor a sus hijos, aceptará su condición contingente y amará su condición de base.

La red primaria

La red primaria está compuesta por aquellas personas que amamos y nos aman, personas que tienden hacia la aceptación positiva e incondicional de uno, aquellos por los cuales vivimos y para quienes vivimos, son la red de soporte y contención emocional, es el lugar seguro, donde soy conocido con mis defectos y virtudes, un espacio donde la única exigencia es lograr reciprocidad en los vínculos de esa red.

Nacemos en un espacio relacional constituido por las personas que conforman nuestra familia y comunidad. Nadie ha elegido este nicho relacional, pero poco a poco, con el correr de los años, cada uno de nosotros va eligiendo quiénes son las personas que constituirán esta red primaria.

Una red primaria poderosa es aquella donde hay una buena cuota de aceptación positiva e incondicional del otro con sus virtudes y defectos. Por otro lado, existe la posibilidad de contar con una red primaria débil sostenida sobre amistades y vínculos familiares donde hay muchas exigencias, condiciones, expectativas y poca reciprocidad.

La red primaria es un lugar de sanación y descanso, es nuestro nicho o entorno cercano de seguridad. Por tanto, cuidar esta red es una invitación a eliminar vínculos dañinos y a mantener, cuidar y crear vínculos que permitan llenar de sentido la vida.

Lo más interesante de esta definición de la red primaria es, sin lugar a dudas, la invitación explícita que hacemos a determinar cuál es su red primaria. Una nueva manera de mirar que le permitirá entender que está en sus manos el poder para construir un territorio donde se pueda amar y ser amado, un lugar donde dormir, guardar silencio, decir con pocos gestos, reír desde la levedad y disfrutar profundamente de este acotado espacio que se elige para vivir juntos.

Construir un espacio de encuentro con amigos y familiares que esté lo más libre posible de exigencias, tales como la clase social, el nivel educacional, la valoración de las apariencias, raza, credo, postura política; un espacio de valoración amorosa que se da por el solo hecho de existir, la aceptación de la forma de ser, la comprensión de nuestros defectos, carencias y maneras de defendernos.

Se trata de aceptar que hemos coincidido en el tiempo y el espacio en un círculo familiar y de amistad íntimo, y aprender a disfrutarlo.

Podemos lograr que esta red sea el maravilloso tejido de contención final que todos necesitamos para descansar y disfrutar de los placeres de vivir juntos. Un lugar seguro donde poder abandonar el personaje y el rol que utilizamos para interactuar en el mundo del trabajo, de la educación, la política y la vida comunitaria más amplia.

Construir y restaurar vínculos que nos permitan rescatar nuestro niño o niña interior, compartir una cena, dormir acompañado, sentir el calor de un abrazo; guardar un silencio cómplice entre amigos, pareja, padres, hijos o hermanos. La red primaria es la que nos contiene con calidad en el momento de la enfermedad, pobreza, dolor, fragilidad, en nuestros momentos erráticos, de estupidez y caída. Pero también es un estupendo lugar para celebrar los años que pasan, los hijos que llegan y crecen, los éxitos alcanzados, los aprendizajes que nos da la vida y lanzar al aire los sueños propios y los de aquellos que amamos.

¿Cómo construir una red primaria poderosa?

Todos los que conocen a Carl Rogers, uno de los padres de la Psicología humanista, notarán que hemos adoptado su propuesta al hablar de aceptación positiva e incondicional, y es porque consideramos fundamental la construcción de relaciones sólidas en la red primaria y en todo vínculo que busque sacar lo mejor de cada uno. La idea central de Rogers es no bloquear el desarrollo del potencial humano por medio de exigencias, sino favorecer su emergencia, configuración autónoma y autorregulación.

Entendemos el mensaje de Rogers como una invitación: Creo en ti, eres un ser humano maravilloso, te valoro, te acepto, te respeto, no estoy aquí para poner exigencias, estoy para acompañarte a descubrir el mundo natural y a los que lo habitamos, a explorarlo y fascinarte con tu mundo interior y a abrir los ojos al mundo interior de los otros. Te darás cuenta de que los otros son iguales a ti, que sienten lo mismo que tú, que todos necesitamos el encuentro. Al descubrir esto, notarás que es maravilloso amar a otros, y que, en sí mismo, es un acto que llena de felicidad al ser humano, relativizando y poniendo en un lugar pequeño y falaz las necesidades y exigencias que el sistema social y cultural nos impone, solo así podremos algún día sentirnos plenos y no necesitar nada más que estar en paz con los nuestros.

Este tipo de relación está disponible en nuestra naturaleza; un padre y una madre que han sido criados en el amor brindan de forma natural al niño esta aceptación positiva e incondicional. La fragilidad del lactante, la dependencia total, esa tangible belleza del milagro de la vida, no hacen otra cosa que activar esta disposición al cariño, la visualización efectiva del mundo interior del otro, su aceptación y cuidado.

Sin embargo, al crecer el lactante, se disparan dos mecanismos relacionales que tensan esta aceptación: por un lado está la necesidad de normalización del niño, es decir, que se ajuste a las normas sociales del sistema del cual es parte, y, por otro lado, está la búsqueda de reciprocidad del vínculo, es decir, aparece la demanda de los padres de sentirse amados por sus hijos.

Ambas necesidades son válidas y, dependiendo de cómo se eduquen, pueden deteriorar la aceptación positiva e incondicional de los padres a los hijos, y generar en ellos heridas que les crearán dificultades para otorgar aceptación positiva e incondicional a otros.

Fortalecer la relación con uno mismo es el primer paso, es ahí donde podremos obtener la claridad para hacer un mapa de nuestra red primaria e identificar cuáles son los vínculos que nos fortalecen y cuáles nos debilitan. El trabajo con uno mismo nos dará la capacidad de estar con el otro y de generar y consolidar los vínculos que nos fortalecen.

En la red primaria situamos a las personas que son muy especiales para nosotros, las tenemos interiorizadas como personas de soporte. Lo que nos dicen nos influye en cómo vemos y nos relacionamos con las personas y las situaciones, recurrimos a ellas en los momentos de duda, de dolor, o para compartir una alegría o situación especial. Son personas de valor para nosotros, ya que nos aceptan de forma positiva e incondicional.

Las personas de valor se declaran desde la autonomía, son personas que elegimos para dar forma a nuestra red primaria. Las llamamos personas de valor porque son valiosas para nosotros mismos; su valor radica en que nos dan el poder para restaurar la relación con nosotros mismos y, a partir de esta dinámica, fortalecer toda nuestra red.

Creemos que a partir de vínculos sanos podemos reparar el daño causado por las colisiones de la vida que tanta vanidad, ego, inseguridad, celos, envidias y temores dejan en nuestra alma.

Identifique y declare personas de valor: es una invitación a repensar la manera en cómo nos relacionamos, elegir a aquellos que llenen de energía nuestra vida para encontrar en la fuerza de estos vínculos el poder con el que restaurar aquellas relaciones con personas que amamos, pero que pueden estar dañadas.

La red secundaria

La red secundaria es un espacio de aceptación activa; la aceptación se produce por la capacidad que tengamos de generar valor en la relación. Son las redes sociales y profesionales donde los otros esperan que se produzcan transacciones que generen beneficios mutuos.

La red secundaria surge de la necesidad que tenemos de colaborar para poder sobrevivir, un espacio de colaboración que hoy toma la forma en el mundo del trabajo. Las relaciones en este mundo se caracterizan por la "aceptación activa", es decir, la aceptación se logra por medio del cumplimiento de ciertas condiciones para sostener el vínculo de colaboración.

La red secundaria es un espacio de aceptación activa, es decir, que la aceptación se produce por la capacidad que tengamos de generar valor en la relación con los otros. Son redes sociales y profesionales donde los otros esperan que se produzcan transacciones que produzcan beneficios mutuos; frente a la ausencia de beneficios, el vínculo no tiene sentido y se rompe.

En la red primaria, el reconocimiento viene dado por la existencia y subsistencia del vínculo. En cambio, en la red secundaria el reconocimiento viene dado por la capacidad de generar valor en la relación.

Por tanto, podemos decir que en la red secundaria buscamos y desarrollamos vínculos con personas que a nosotros nos interesan laboralmente y que, al mismo tiempo, juzgan nuestro trabajo y nuestra forma de estar en él.

Cuando nos preguntamos ¿por qué trabajamos?, respondemos que lo hacemos para cubrir de forma más eficiente nuestras necesidades básicas, tales como comer, vestirnos, jugar con nuestros hijos y amigos. Si vamos más al fondo, diremos que trabajamos para reducir la ansiedad sobre el futuro y disminuir el temor a quedarnos sin los recursos necesarios para sobrevivir. Con más altura de mira, plantearemos que trabajamos para sentirnos realizados y capaces, que hacemos algo que tiene sentido, algo que tiene importancia, o que nos hace sentir necesarios. Finalmente, alguien dirá también que trabajamos porque nos divierte estar con nuestros compañeros de trabajo. Sin embargo, esta historia de trabajar por las necesidades que tenemos no nos permite ver que el trabajo es un espacio de colaboración en red para satisfacer las necesidades mutuas.

Nuestro aporte al proponer la red secundaria es poner de relieve que el trabajo es un fenómeno intersubjetivo, que la vida laboral de una persona puede verse muy favorecida si acepta que este es un espacio de articulación en red, basada en la aceptación activa del otro y de las potentes consecuencias que esta declaración tiene.

¿Cómo construir una red secundaria poderosa?

¿Cómo llegar a trabajar en algo que me permita sentirme plenamente realizado? ¿Cómo llegar a trabajar con la gente que me interesa? ¿Cómo lograr que los otros estén satisfechos con mi trabajo?

Todas estas preguntas encuentran respuesta en las redes que vimos: primero, en la relación con nosotros mismos y, luego, en la red secundaria y la manera en que creamos, abordamos, cuidamos y restauramos nuestras relaciones e identidad laboral.

Básicamente, será necesario saber qué quiero hacer y para qué soy bueno; luego hay que identificar quiénes son las personas que conforman el espacio de red en el que quiero estar para, entonces, construir una identidad laboral poderosa en ellos y así hacer ofertas que se plasmen en compromisos que se encarguen de las necesidades e intereses mutuos.

Parece simple, y lo es, pero el primer elemento, "saber qué quiero hacer", es un primer foco de trabajo personal que muchos no se permiten: pocas personas indagan en su mundo interior para encontrar cómo han surgido sus gustos, desafíos y mandatos personales, sus valores y sueños. El camino del fortalecimiento de la relación fundamental con uno mismo es esencial para comprender cómo la historia personal, nuestros referentes personales y profesionales han conformado nuestro horizonte de satisfacción laboral.

"Saber para qué soy bueno" es el segundo desafío y la respuesta no solo está en nuestro autoconcepto, sino que se encuentra diseminada en las opiniones que tienen de mí las personas con las que he trabajado y vivido.

El tercer foco de acción consiste en identificar quiénes son las personas que hoy ocupan posiciones de poder en la zona de interés laboral. Conocer sus necesidades, intereses y preocupaciones para realizar ofertas pertinentes que sean susceptibles de transformarse en acuerdos de beneficio mutuo.

Todo esto significa operar desde una nueva comprensión de lo que significa trabajar, se traduce en ir más allá de la tarea. Es entender el trabajo como la construcción sistemática de satisfacción en una red de personas que yo valoro laboralmente y con las cuales quiero vivir y relacionarme.

Para llegar a esta nueva mirada es fundamental entender que el mundo laboral no comienza en mí y termina en mí. Que en el mundo del trabajo no solo soy aquello que creo de mí mismo, sino que también "yo soy otros" y ese "otros" está constituido por las percepciones que los demás tienen de mí, una identidad pública construida a partir de hechos objetivos y opiniones subjetivas. Los cuales, muchas veces, pueden llegar a ser injustos, pero que no por el hecho de ser injustos dejan de afectar a nuestras posibilidades.

Por tanto, vale la pena preguntarse de vez en cuando ¿cuál es la imagen que proyecto en los otros? No huya de la retroalimentación, búsquela. Su espacio de oportunidad laboral está determinado en gran medida por la identidad que usted ha construido como resultado de la historia de la calidad de las interacciones laborales que ha mantenido durante su carrera en su red secundaria.

Esta es la buena noticia: usted puede tener el poder para manejar su espacio de posibilidades laborales y no continuar a la espera de que las cosas pasen. Es posible arrebatarle su identidad laboral al destino y comenzar a gestionar su red secundaria y la forma en que usted aparece en ella.

Construya una identidad laboral poderosa. Piense en lo que sucede cuando usted entra en la sala de reuniones: inmediatamente desata reacciones en los presentes. ¿Qué emociones provoca en los otros? ¿Qué juicios surgen en los que allí están? ¿Qué estados de ánimo y narraciones genera su presencia? Pueden ser diversas las respuestas, por ejemplo: «¡Aquí viene quién solucionará todos nuestros problemas!», o «Aquí viene alguien que trae un problema. Tal vez de forma muy ordenada y sistemática, pero trae un problema en vez de una solución». ¿Qué sienten y opinan sus compañeros, colaboradores o jefes de trabajo de la experiencia de trabajar con usted? Esto es lo que llamamos identidad laboral, ese "otro yo" que habita en la cabeza de los demás. De ahora en adelante céntrese en ir más allá de hacer bien el trabajo, cuide la experiencia que las otras personas tienen cuando trabajan con usted.

Esta tarea se verá facilitada si usted tiene el hábito de ver el mundo interior de los demás y validarlo, hacer de las necesidades, intereses y temores de los otros la fuente de inspiración para generar ofertas.

La identidad laboral que construimos en nuestra red secundaria posee una dimensión ética. Todos poseemos un perfil ético en el entorno de red que operamos a diario, y uno de los factores centrales que sugerimos cuidar es el de la reciprocidad en los vínculos. El mundo laboral es un mundo de transacciones. Nuestra experiencia nos ha mostrado que las relaciones poderosas son aquellas en que las partes buscan un equilibrio entre lo invertido y lo ganado. Es aconsejable evitar la sensación de "tú me utilizas" o "yo te utilizo, para el beneficio mío a costa de ti". Es necesario sentir que tranzamos basándonos en un beneficio mutuo y proporcional. La ruptura del equilibrio en las relaciones en la red secundaria generará un desgaste progresivo de la relación, que terminará por romper el vínculo y puede llegar a deteriorar la identidad de ambos en la red secundaria.

Una identidad laboral fuerte en la red secundaria no cae en la trampa de la victimización. Muchas personas viven en el trabajo situando la responsabilidad de lo que les sucede fuera de ellos mismos, responsabilizando a las circunstancias y a lo que otros hacen, dicen, piensan o sienten. No han llegado a darse cuenta de que son ellos los que se han puesto en ese lugar. Usted tiene en sus manos el poder para hacer de su vida laboral lo que sueña, tan solo debe asumir esa responsabilidad y tomar acciones relacionales que cambien su espacio de oportunidades. Con el único objetivo de cumplir nuestros compromisos y generar ofertas de forma proactiva, creando ilusión en el corazón de su entorno respecto del futuro, transformando el fracaso en aprendizaje, moviéndose de un lado a otro de la red secundaria y dejando de esperar. Usted tiene el trabajo que decide cada día; si no le gusta, puede optar por tomar ahora el poder en sus manos y comenzar a hacer que las cosas pasen en su red secundaria.

La red secundaria es amplia, muy amplia, es muy probable que personas que estarían encantadas de trabajar con usted, a cambio de buenísimas condiciones, aún no lo conozcan. La red está para ser usada, para el encuentro; no espere que lo encuentren, encuéntrelos.

Vidas poderosas construyen relaciones poderosas, y estas relaciones se fundamentan en normas sólidas que las regulan. ¿Cuál es su ley personal para vivir y trabajar? ¿Cuáles son las reglas que se ha marcado? ¿Son conocidas y valoradas por su red secundaria? Las personas de valor tienen una lectura de quién eres éticamente, de cuáles son tus límites y principios en el trabajo. No somos buenos trabajadores solo porque cumplimos con nuestra tarea, sino que, además, siempre hay un fondo ético compartido que consolida la relación. Una ley personal que los otros confían que seguiremos. Esto influye directamente en la estabilidad y crecimiento de los vínculos en la red secundaria y determina la satisfacción personal en el trabajo. No hay nada mejor que estar con quienes respetan nuestros principios. Esta identidad ética se forja en las declaraciones, pero sobre todo en las acciones y en las referencias que las personas de valor hacen de nuestro actuar; en los pequeños detalles aparece nuestra ley personal. Aceptar el incumplimiento de compromisos, omitir información cuando se te ha pedido, eludir responsabilidades frente a acuerdos ambiguos, no saber poner límites o no respetar a los demás, discriminar al tolerar la discriminación de otros, etcétera, son todas situaciones donde podemos fortalecer o debilitar nuestra identidad laboral.

Por último, crear, cuidar y disfrutar de una red secundaria poderosa exige de una red primaria y de una relación con uno mismo sólidas. Antes de todo, trabajamos para poder vivir plenamente con las personas que amamos. Muchas veces nos encontramos con personas que están horas y horas encerradas, trabajando, poniendo en riesgo y deteriorando su calidad de vida o exigiéndoles a terceros de que den mucho más de lo que se les ha pedido por el sueldo que reciben. Vivir plenamente en la red primaria hace que las personas se sientan mucho más equilibradas y abiertas a construir espacios laborales de mayor calidad.

Después de pensar en todo esto podemos volver a preguntarnos: ¿Cómo construir relaciones poderosas? ¿Cómo desarrollar vínculos que nos permitan vivir plenamente? ¿Cómo hacer de nuestro espacio relacional un lugar seguro para otros y para nosotros mismos? ¿Cómo vivir vidas poderosas fundadas en relaciones poderosas?

Las respuestas comienzan a aparecer y una de las grandes claves para vivir plenamente es que tengo el poder para determinar quiénes serán las personas con las cuales voy a construir mi vida. Estas pueden ser amigos, familiares, compañeros de trabajo y clientes que consideramos valiosos y a quienes les brindaremos dedicación y cuidado. Las personas de valor son aquellas personas de mi red primaria y secundaria a las que les doy autoridad y credibilidad para valorar la forma de relacionarme que tengo con ellos. Sus opiniones influyen en lo que siento, pienso y hago para cuidar y mejorar mi relación con ellos.

5. ¿Cómo estamos presentes en nuestra red?

Hemos visto cómo se articula nuestra presencia en las redes: la red primaria, conformada por la familia, y la red secundaria, que es el espacio de trabajo y de las relaciones sociales donde estamos inmersos. En la primera hay una aceptación incondicional, pero en la segunda tenemos que crear un valor para que nos acepten.

Vamos a desarrollar cómo hacemos posible que nuestros retos personales y objetivos profesionales se cumplan. Para ello vamos a descubrir de qué manera estamos presentes en nuestras redes, porque, según cómo estemos presentes, tendremos más o menos dificultad para que se materialicen.

Realicemos el ejercicio de describir nuestro objetivo profesional más prioritario. Podemos salir a caminar solos para pensar, hablar con la pareja, un amigo o alguien de confianza. Debemos reflexionar sobre ello, ya que nosotros, y nadie más, somos quienes tenemos que buscar el equilibrio entre lo que perdemos y ganamos, debemos escuchar nuestro diálogo interior y reconocer la voz que predomina en ese momento para tomar una determinación.

Luego escribiremos de manera clara y detallada el objetivo por el cual seremos valorados y que también es prioritario para nuestro entorno de trabajo.

Anteriormente hemos descrito a las personas de valor; lo que ellas nos dicen es creíble, e influye en nuestra manera de vernos y relacionarnos.

Pero para lograr nuestros retos y objetivos profesionales va a aparecer otra figura importante: las personas necesarias, las que tienen un vínculo directo y determinante para que podamos cumplirlos. Con algunas nos entendemos muy bien, con otras, regular, con otras, definitivamente mal y, con otras, ni siquiera nos entendemos. Pero las tengamos en alta o en baja estima es gente clave para recorrer el camino que nos hemos trazado.

Personas necesarias y proximidad relacional

En el trabajo podemos tener una tarea en la que forzosamente debamos tratar con personas necesarias que trabajan en otro departamento. Nuestro vínculo con ellas es casi inexistente y si no estrechamos una relación, nuestro objetivo está en peligro.

Es básico hacer un esquema de todas las personas necesarias que tenemos en nuestras redes para así ver y analizar qué tipo de relación y a qué distancia estamos de ellas. Entonces, el primer paso es reconocer que, además de las personas de valor, puede haber personas que son necesarias, y que a muchas de ellas ni siquiera las conocemos.

Imaginemos a un ejecutivo comercial que necesita cumplir un número de ventas al mes. Su trabajo consiste en abrir mercados para insertar sus productos, y sabe que el encargado de Compras de una cadena de almacenes es una persona necesaria para obtener sus resultados. Puede ser que con él haya tenido problemas anteriormente y deba solucionarlos, porque, de lo contrario, está en peligro el pedido.

Identificar retos personales, objetivos profesionales y localizar a las personas necesarias para conseguirlos. Independientemente de que tengamos o no una relación saludable. Las personas necesarias lo son respecto al objetivo, que está marcado por el contexto, por lo que tenemos una cierta dependencia, y ello es un punto fundamental que hay que considerar.

A las personas necesarias las podemos sentir cerca o lejos de nosotros, de hecho, siempre es así. Hay gente que creemos cercana y no sabemos muy bien por qué, es una percepción. Según la distancia que tengamos interiorizada, establecemos un vínculo con ella de una forma determinada, ello hace que todas nuestras relaciones sean distintas.

El hecho de que estén a corta, media o larga distancia no es un valor en sí mismo. Hay personas que tienden a que todo el mundo esté a su alrededor, muy cerca de ellas. Podemos encontrar a una madre que necesita que todos sus hijos estén siempre presentes, con llamadas dos o tres veces al día. En cambio, hay otros que con esa corta distancia se sienten totalmente agobiados y necesitan alejarse. Incluso hay quienes hablan de tomar distancia para poder decidir y ver más claro.

Hay directivos que mantienen la puerta de su oficina abierta, donde todo el mundo puede entrar, y sus empleados los sienten muy cercanos, pero ellos no pueden cumplir sus objetivos, ni cumplir su agenda diaria porque siempre están rodeados con una proximidad asfixiante, ya que se sienten necesarios, casi imprescindibles. Y no pueden trabajar bien, ni hacer lo que deben, y muchas veces deben ir distanciándose un poco. Porque si no, no pueden tomar decisiones, analizar las cosas, ni actuar.

Por tanto, la proximidad relacional es la posición en que colocamos a una persona en nuestra red, es como si hiciéramos unos círculos. Si nosotros nos representamos en el centro de la red, colocaríamos a cada persona necesaria en relación a nosotros, y podríamos indicar qué tipo de distancia mantenemos.

Tipos de relación: generadora, cooperativa, operativa, defensiva y excluyente

Aparte de la distancia existen tipos de relación con cada persona necesaria y con cada persona en general. Establecemos relaciones diferentes que vienen condicionadas en muchos sentidos por los espacios de relación y también por las tareas que compartimos.

Hay distintos tipos de relación que nosotros podemos establecer con las personas necesarias. Nos centraremos en el mundo profesional, el del trabajo. Vamos a ver el objetivo prioritario, vamos a determinar las personas necesarias. Y vamos a aceptar que tenemos una interdependencia con ellas nos guste o no y, después, veremos qué distancia intersubjetiva tenemos con cada una de ellas. Ello nos permitirá continuar con el paso siguiente, que es ver qué tipo de relación establecemos con él o con ella.

Generadora

Este primer tipo de relación es para construir vínculos. Está basada en establecer un contacto, que permita construir una relación hasta ahora inexistente con la finalidad de incorporarla a nuestra red. Es una relación que debemos construir. Es imperativo. Nos damos cuenta de que no conocemos a una persona que consideramos necesaria: el caso del proveedor de un almacén, o un hermano de nuestra novia que para nosotros es importante. Por otro lado, vemos que es imprescindible que nos vinculemos a un tipo de asociación en la que no conocemos a nadie, pero que en nuestro caso es fundamental para poder conseguir los retos o los objetivos que nos hemos propuesto.

Cooperativa

Esta relación está basada en la disposición a la hora de compartir procedimientos y saberes que permiten a las dos partes desarrollarse y cumplir sus objetivos. Esto es muy importante tenerlo en cuenta, es una relación voluntaria y relacionalmente próxima. A veces, no es que tengamos la obligación de llamar a esa persona, es que queremos compartir lo que pensamos, lo que hemos decidido, porque creemos que hacerlo es beneficioso para nosotros. Por tanto, es una relación voluntaria y emocionalmente próxima, que está fundamentada en la cooperación.

Operativa

Podemos tener relaciones que pueden ser totalmente circunstancial. Son puntuales y sirven para lograr una tarea o un objetivo que es común a dos o más personas. Por ejemplo, en el trabajo debemos asistir a las reuniones de coordinación marcadas por el contexto, donde, para un encargo determinado, necesito la ayuda específica de una persona vinculada a otra área y, al mismo tiempo, esta persona necesita mi orientación en ciertos puntos. Esta relación no se ha desarrollado en el tiempo y es posible que no se siga dando, pero ambos necesitamos llegar a ciertos acuerdos para lograr una tarea determinada.

Defensiva

A veces tomamos precauciones con ciertos individuos. Sentimos recelo, inseguridad y desconfianza. Pensamos que el otro nos puede dificultar y complicar la vida, por lo que nos defendemos impidiendo el vínculo.

Alguien puede preguntarse si defenderse de esta manera es una relación. La respuesta es sí. Cuando decido que con una persona necesaria no me voy a relacionar, es una forma de relación. ¿Por qué?, porque es consciente, tiene una finalidad, que es protegernos o aislarnos, tanto de nuestra tarea como de potenciales amenazas. Por ejemplo, en el trabajo es normal oír la siguiente expresión: «que no se inmiscuyan los del otro departamento en el nuestro porque si ven lo que hacemos, empezarán a preguntarnos cosas, van a decir que esto no se puede hacer y tendremos dificultades».

Tanto en el trabajo como en nuestra vida personal es normal este tipo de relación, ya sea para evitar problemas, conflictos, o que nos aumenten la carga de trabajo.

Excluyente

Es una relación basada en enfrentarnos al otro y romper posibles lazos con la finalidad de excluirlo de nuestro espacio relacional. Diríamos que es una contra-relación porque es activamente negativa.

Por ejemplo, una reunión de trabajo donde constantemente ponemos en cuestión a una persona determinada. Aprovechamos un pequeño error para magnificarlo, criticamos su tarea, la descalificamos aunque sea una persona necesaria para nosotros. Activamente estamos luchando para que sea expulsada o sea debilitada su influencia en el sistema.

En las familias también ocurre. Puede que se trate de una diferencia entre hermanos, padres e hijos, etcétera. Es una lucha en contra de alguien que no se quiere que entre en el sistema familiar. O de una persona que quiere romper con su sistema familiar.

Negar al otro es una relación perturbada por medio de la desconfianza, el miedo y la sensación de que me puede dañar y, por eso, es una posición defensiva llevada al extremo donde, además de defenderme, ataco para detener al otro.

Conversaciones para equilibrar y mejorar las relaciones

Para cumplir los objetivos y los retos personales debemos identificar primero a las personas necesarias, medir a qué distancia subjetiva estamos de ellas, ver qué tipo de relación tenemos y plantearnos las siguientes preguntas:

¿Tengo la distancia adecuada con las personas necesarias para conseguir mis objetivos?

¿Tengo una relación adecuada con estas personas?

¿Cómo equilibrar y mejorar esa relación?

Los seres humanos solo contamos con una forma conocida, la conversación, y, de alguna manera, ser conscientes de que tenemos que estar preparados para llevar a cabo conversaciones que equilibren esa relación con el fin de facilitar la obtención de nuestros objetivos y resultados.

Por un lado, las personas que hemos considerado necesarias puede que no estén a la distancia óptima, o puede que el tipo de relación que estamos manteniendo sea inadecuado para que aporten y podamos llegar a conseguir los retos propuestos.

A la hora de preparar una conversación que equilibre y mejore una relación, lo primero, es ordenar cuáles han sido las razones por las que hemos descuidado este vínculo. Saber cuáles son los motivos puntuales por los que se desequilibró y saber cuánto nos hemos distanciado con esta persona.

- Quizás no la habíamos considerado hasta ahora debido a que su carácter nos produce irritación y, por tanto, la evitamos. O porque no le hemos dado importancia, no estábamos lo suficientemente atentos como para ir incluyéndola en nuestras tareas y espacios de relación. Debemos saber por qué, ya que pueden ser razones de contexto o de incompatibilidad emocional.

- Responder nuevamente a ¿Cuáles son mis intereses?

- Reafirmar por qué la relación con esa persona es necesaria. Volver a evidenciarlo de una forma ordenada.

- Preguntarnos cuáles podrían ser los intereses del otro. Ello nos ayudará a que la persona entienda que es importante mantener un vínculo de colaboración con nosotros.

- Una vez hechas estas reflexiones, que están basadas en el reconocimiento mutuo, deberemos preparar qué peticiones y ofrecimientos le vamos a ofrecer para reequilibrar esa relación y mejorarla. Por ejemplo, le vamos a pedir que nos veamos cada 15 días y que nos pase una información en un tiempo prudente. Pero además le daremos lo que necesita de una forma ordenada antes de cinco días para que pueda trabajar.

- En el fondo, muchas de las peticiones y ofertas se tratan de cosas operativas que facilitan una mayor fluidez para conseguir los objetivos, y por ello debemos plantearnos: ¿Qué acciones haré para fortalecer el vínculo y ajustar la relación?, o ¿Qué acciones dejaré de hacer que a esa persona le molestan?; siempre en términos de acciones, de qué haremos para generar, fortalecer o recuperar una relación con las personas que necesitamos para alcanzar nuestros retos.

6. ¿Cómo utilizamos nuestros recursos para relacionarnos?

Cada uno de nosotros tiene una manera predominante de relacionarse con los otros, expresada en cómo utilizamos las cinco acciones de relación que describiremos en este capítulo. Son parte de nuestros recursos relacionales.

Al comprender la naturaleza y estructura de las cinco acciones de relación podremos llegar a identificar la forma en que se expresan y cómo los utilizamos en nuestro convivir.

Las cinco acciones de relación

Las cinco acciones relacionales son síntesis expresivas en las que manifestamos nuestra forma de vernos y ver al otro, nuestra manera de estar y de hacer.

Las acciones relacionales cotidianas evocan nuestra propia historia, poniendo en escena la manera de interactuar con los otros, aprendida desde la niñez, que es cuando iniciamos nuestra expresividad relacional.

Las acciones relacionales poseen unos valores, y en ellos se concretan nuestros juicios sobre las personas y los hechos, y son síntesis expresivas de:

- Las personas referentes que moldearon en nosotros una predisposición y un estilo de estar con los otros.
- La historia de nuestras experiencias de relación.
- Los espacios de relación en que aprendimos a convivir.
- Los valores que hemos incorporado como guías para nuestras acciones.
- El lenguaje de nuestro cuerpo.
- La energía vital.
- La narración repetitiva que hacemos de los demás, de nosotros mismos y de nuestras relaciones.

Al analizar la dinámica relacional entre las personas podemos distinguir al menos dos niveles: uno orientado a la forma y las reglas comunicacionales más efectivas, y otro nivel más profundo orientado a cómo vivimos el vínculo con los otros. Este nivel pone la atención en las emociones que surgen al relacionarnos, en el relato íntimo que cada uno elabora del vínculo, el valor y sentido que tiene para fortalecerlo o debilitarlo.

Las acciones de relación operan en estos dos niveles; a continuación desarrollaremos cada una de ellas.

El origen de las cinco acciones de relación

Ahora, si, tal como hemos planteado en capítulos anteriores, el ser humano es un ser social, que se construye en la relación consigo mismo a partir de la relación con otros, ¿cómo sucede este proceso de creación de sí mismo? ¿Cómo surge la narración del mundo en que uno vive? ¿Cómo emerge el otro y los otros?, ¿los amigos y los enemigos?, ¿los sueños y las frustraciones, las decisiones y los arrepentimientos?

Vamos al principio. El bebé llora y su llanto es oído y entendido por alguien; sin el otro, este llanto es un llanto de muerte, es decir, el niño y la niña nacen con la confianza de que existirá otro que les escuchará y luego reconocerá como un otro que existe y que importa. Si el bebé nace y la madre muere sola en el bosque, toda esa escena pierde sentido, tan solo habrá muerte. Originalmente, el que nace lo hace para vivir, y el vivir se sustenta en la escucha y el reconocimiento del otro de forma positiva y amorosa. Nuestro sistema nervioso está diseñado para buscar el reconocimiento positivo del otro y, al mismo tiempo, y de forma complementaria, para oír al otro e identificar sus necesidades. Estas serán las dos acciones relacionales básicas que a continuación desarrollaremos. Oír y reconocer. Ambas acciones, fundamentales en toda relación, están presentes desde antes del desarrollo del lenguaje formal.

El bebé después de ser oído es reconocido en su existencia por medio de la atención de la madre; la naturaleza misma impulsa a la madre al encuentro, el abrazo, la caricia y la alimentación. El bebé llora y la madre entiende su llorar como una forma de "pedir", ella "ofrece" su pecho y su leche, el bebé acepta y responde con el silencio y, más tarde, ofrece una sonrisa, entonces surge un "acuerdo" espontáneo, que está aún fuera del lenguaje. Por tanto, la supervivencia de un bebé está condicionada por la escucha, el reconocimiento, la petición, la oferta y el acuerdo entre la madre y él bebe.

Sostenemos, entonces, que las cinco acciones comunicacionales básicas son prelingüísticas y tienen como arquitectura elemental los siguientes factores: las emociones básicas, las sensaciones corporales, los movimientos corporales, los gestos paralingüísticos, y los sonidos pre-lingüísticos. Estos elementos coordinan la danza primigenia de comunicación entre los seres humanos y están disponibles en todos nosotros durante toda nuestra vida. De hecho, más del 80% de la comunicación humana viene dada por estos factores que están fuera de la articulación íntima o pública del lenguaje.

Cinco acciones relacionales: pedir, ofrecer, acordar, escuchar y reconocer

Nos relacionamos mediante una dinámica constante donde están entrelazados las emociones, las intenciones, el lenguaje, el movimiento y la energía vital.

Las acciones relacionales son acciones básicas que utilizamos desde la etapa prelingüística para relacionarnos con los "otros". Hemos elegido estas cinco con la finalidad de poder diferenciarlas de un conjunto de relaciones y acciones aparentemente homogéneas que utilizamos a diario, y así poder ampliar nuestro conocimiento de cómo nos relacionamos con aquello que está fuera de nosotros.

El hecho de visibilizar las cinco acciones en nuestra relación con los otros (es decir, al ser conscientes de cómo pedimos, ofrecemos, acordamos, reconocemos y escuchamos) nos permite estar más atentos a las reacciones que nuestra manera de relacionarnos provoca en los "otros" y visualizar nuestros patrones de respuesta frente a lo que los demás hacen cuando interactúan con nosotros.

En cada persona se producen diferentes y unívocas reacciones a nuestros actos; cada persona recibe nuestra forma de pedir de distinta manera. Los otros pueden recibir nuestras peticiones como órdenes, como suplicas, o como un acto de reconocimiento de lo que el otro nos puede dar.

Y desde donde el otro lo recibe (los efectos que genera en él o ella y los efectos que provoca en nosotros) tendremos que ajustar constantemente nuestra manera de utilizar las cinco acciones relacionales, para así provocar los resultados que nos permitan mantener una relación satisfactoria y saludable.

También podemos describir la relación como una danza de encuentros y desencuentros, de reconocimientos y rechazos. No es un solo acto del "yo" hacia el "otro" para que el "otro" haga o entienda lo que "yo" digo, no es un acto que requiere que el otro se adapte a mí. En una relación, el "otro" percibe acciones y reacciones; por tanto, ser consciente de que el "otro" puede percibir de formas distintas con resultados diversos será fundamental.

El pedir, ofrecer, acordar, reconocer y escuchar es un calidoscopio a través del cual miro y me miro. Mediante las cinco acciones distingo y me distingo como responsable de mi manera de estar en mi mundo y en el de los otros que son parte de mi sistema.

Las cinco acciones de relación nos permiten definir quiénes somos y cómo aparecemos frente a los demás. Asimismo nos permiten ser entendidos y valorados por los otros. Nos entregan la posibilidad de articular la acción y definir el vínculo para regular lo que queremos conservar o transformar. Son los pilares relacionales para verme, ver a los otros, comprender como soy visto y comunicar al otro como es percibido por mí.

El triángulo de la acción: pedir, ofrecer y acordar

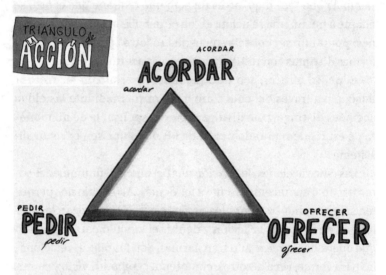

Pedir, ofrecer y acordar permiten movilizar la acción articulada y coherente entre las personas. Vivimos cotidianamente pidiendo, sugiriendo o rogando a otros que hagan cosas. También podemos ofrecer un regalo o invitar a los demás a hacer algo. Por su parte, los otros pueden rechazar, discutir o negociar estas ofertas y pedidos, y entonces allí surge el acuerdo.

El acuerdo es la síntesis que moviliza la acción, nos permite prometer y esperar que otros cumplan sus promesas; evaluar finalmente los resultados de nuestras iniciativas emprendidas; para así agradecer, celebrar lo alcanzado, lamentar el fracaso e inventar nuevas iniciativas conjuntamente.

Estas tres acciones de relación también definen el tipo de vínculo en el que habitamos con los demás. La forma de pedir las cosas marca el tipo de relación; cómo son rechazadas nuestras propuestas permitirá discriminar si solo se rechaza la idea o también a la persona.

Pedir

Es explicitar a otro la necesidad de que haga algo determinado. Puede ser un ruego, una sugerencia, una indicación, una orden e incluso una exigencia, dependiendo del contexto relacional. Pedir requiere de la capacidad de especificar con claridad los requerimientos del pedido y de la habilidad para inclinar la voluntad de los demás en forma positiva.

El pedir supone el derecho de una persona a existir en la relación con el otro. Cuando pedimos, lo hacemos porque nos sentimos dignos de ser escuchados y ayudados.

Es probable que rechacen nuestro pedido, lo acepten o posterguen la decisión, pero si hemos aprendido a pedir con independencia de la respuesta, no afectará a nuestra dignidad, ni a nuestra sensación de que tenemos derecho a pedir.

Uno de los bloqueos más importantes a la hora de pedir viene dado por la sensación de no merecer el derecho a pedir, tanto en un equipo de trabajo, en nuestra familia, como con los amigos. Estos bloqueos son comunes y será importante identificarlos en nosotros o en otras personas que valoramos. Una manera de superarlos es reforzando en los otros el derecho que tienen a pedirnos ayuda y revisar en nosotros mismos cuáles son los elementos (creencias, emociones y heridas) que podrían alejarnos de esta seguridad. Por ejemplo, uno de los bloqueos más comunes para pedir ayuda se funda en la sensación de debilidad –dado que hemos desarrollado la creencia de que al solicitar ayuda nos volvemos débiles frente al otro–, o que el rechazo de nuestras requerimientos nos genere una sensación de ruptura en la relación. Los bloqueos asociados a este tema provocan consecuencias nocivas para el trabajo en equipo, el aprendizaje, las relaciones de familia y la amistad. Por lo general acarrean sobrecarga de trabajo e incuban semillas de victimización y resentimiento.

Cuando pedimos, lo podemos hacer de forma vaga e imprecisa, sin dar detalles de lo que realmente queremos o necesitamos. A veces, el temor al rechazo de nuestra petición nos hace omitir estos detalles, pudiéndose transformar en exigencias ocultas que después pueden provocar insatisfacción cuando lo hecho por otros no es lo que esperábamos.

La vorágine del día a día en el trabajo también puede llevarnos a ser imprecisos en los detalles de nuestros requerimientos, generando conflictos innecesarios con las otras personas. Será entonces necesario definir con claridad los detalles de lo que pedimos y el tiempo en que esperamos que se realice.

Podemos pedir sutilmente por medio de una sugerencia, también ordenar que alguien haga algo e incluso conminar obligándolo. En situaciones en las que no tenemos poder es posible rogar, e incluso suplicar. En todas estas circunstancias, lo que determina la forma de pedir es si la relación entre las personas es de colaboración o antagonismo, y el poder que tenga uno en relación al otro.

Un buen ejemplo es el caso de dos personas que se llevan mal donde uno está por encima del otro; cuando se le pida algo puede darse el gusto de ordenar enérgicamente e incluso amenazar. Esto lo hemos visto muchas veces en culturas autoritarias en las que el que tiene menos poder se siente atrapado en la relación cultivando resentimiento y menoscabo.

En esta misma relación, cuando el subalterno pide, su voz será un ruego o una sugerencia. Sin embargo, si la relación es de colaboración, la manera en que se pide no será una súplica ni una imposición, sino la expresión transparente de una necesidad.

Por otra parte, los pedidos pueden estar vestidos de diferentes figuras, pueden estar enfundados en una pregunta, una ironía o una metáfora. Su energía viene marcada por el tono, el ritmo y la coherencia del gesto facial y corporal. La riqueza de la comunicación humana puede hacer aparecer una enorme cantidad de combinaciones y alternativas. Por ejemplo, una amenaza acompañada de una gesticulación feroz podría ser vivida como un juego de complicidad entre buenos compañeros, así como también una sonrisa acompañada de un ruego pueda ser una ironía vivida como una amenaza por el otro.

Vale la pena preguntarnos cómo pedimos y la forma en que lo hacemos, pero sobre todo preguntarnos cuál es la calidad de la relación que tenemos con el que recibe nuestra petición.

Cuando pedimos podemos hacerlo para nuestro propio beneficio, el de un tercero o el de ambos. Es aconsejable pedir de forma clara, sin esconder quiénes serán los beneficiados; toda ambigüedad generará conflicto o suspicacia.

Cuando pedimos para nuestro propio beneficio es importante entender que le damos al otro la oportunidad de dar, generar satisfacción en nosotros y fortalecer el vínculo. Pocas personas tienen claro que esto es saludable para la relación y sienten que están en deuda (si es que pidieron), o que se les debe algo (si es que se les pidió).

Una relación saludable entre dos personas permite pedir un favor sin que esto se transforme en una deuda; que la transacción quede saldada por parte de quien otorga el favor con el solo beneficio de que fortalece la relación, ya que está ayudando a alguien a quien aprecia.

Cuando pedimos para ayudar a un tercero o en beneficio de todos, también es importante mostrar cuáles son los beneficios de acceder a lo solicitado. En ocasiones, nuestras peticiones pueden acarrear beneficios mutuos que no se ven a simple vista, por ello es necesario proponer cuáles son para que sean valorados por el otro.

El pedir implica a nuestra capacidad de dar entusiasmo, ilusión y ganas de acceder a la petición. Esta habilidad de invitar moviliza emocionalmente a los otros, otorgando sentido a la acción, genera proactividad y, sobre todo, fortalece la sensación de ser compañeros. Liderar es construir sentido, es volver innecesaria la imposición y hacer sentir al otro que está contribuyendo a algo importante.

Para construir sentido es necesario ver al otro, para invitar e ilusionar. Esto solo es posible por medio de la indagación respecto a los intereses, los problemas, preocupaciones de futuro, emociones y narrativas del otro.

Reclamar es otra habilidad o expresión del pedir. Es volver a pedir, es valorar y exigir que se repare el daño causado por el incumplimiento de un compromiso. Muchas personas no saben qué hacer cuando alguien no cumple sus compromisos con ellos, sencillamente se enojan y piden explicaciones, pero pocas veces le piden al otro que repare el daño. Cuando no cumplimos lo prometido dañamos la relación con el otro, porque puede pensar que lo hicimos de forma deliberada, creer que somos irresponsables o sencillamente podemos darle a entender que no es tan importante para nosotros. Por otro lado, es probable que le generemos problemas operativos por nuestro fallo. En conclusión, podemos deteriorar la confianza de la relación y la acción operativa.

Reclamar es volver a pedir para restaurar una relación, es un acto de cuidado de los vínculos de un equipo de trabajo (o de nuestra red primaria) en los dos planos, en el relacional y en el operativo.

En el plano operativo, el incumplimiento genera en el otro la dificultad o imposibilidad de cumplir sus propios compromisos. En segundo lugar, el incumplimiento genera una fisura en el plano relacional dado que mina la confianza entre las partes; básicamente, la confianza del cliente en el realizador y pone sobre éste el juicio latente de incompetencia, irresponsabilidad, desinterés e incluso de mala intención.

Saber pedir reparación es una de las claves para sostener y construir confianza en los vínculos que constituyen las redes de vida y trabajo.

Reclamar requiere discriminar entre queja y reclamación; esta última está basada en la existencia de un compromiso donde las condiciones de satisfacción han sido bien consensuadas, tanto los requerimientos como los plazos y los responsables. Mientras que la queja es simplemente la explicitación de la molestia por algo que uno quería que sucediera y no sucedió, o al revés, que sucedió algo inesperado que no nos gusta. Curiosamente, hay personas que se molestan con sus colaboradores, familiares o amigos porque, al no salir las cosas como ellos quieren, culpan a los demás de no haber previsto las circunstancias; en este caso estaríamos en el territorio de las quejas mal administradas. Las quejas solo pueden ser administradas creativamente como fuente de aprendizaje, es decir, registrar la circunstancia y sus causas para tomar medidas que mejoren los procesos y permitan reducir la posibilidad de sucesos no deseados por esa causa. La queja bien administrada puede transformarse en una fuente de innovación, pero requiere girar la actitud de enfado frente al fracaso presente hacia una actitud de curiosidad y ambición de mejorar en el futuro.

Patrones: Mi forma de pedir

Pido cuando necesito
Es la persona que pide cuando necesita y no espera que los demás adivinen que necesita algo. Él se siente con el derecho a pedirle algo a otro. Expresar sus requerimientos tiene que ver con su rutina y existencia, ya que no tiene ningún complejo ni problema en expresar sus necesidades. Por lo general hace la petición de forma precisa, con plazos razonables y dejando claro cuáles son las expectativas de su petición.

Pido sin pedir: Las expectativas como petición
Pedir no es lo mismo que desear, pedir es hacer pública una exigencia oculta, es terminar con las expectativas, dado que implica

actuar y desvelar lo que deseamos. Hay personas que tienden a esperar que otros adivinen sus intereses, problemas, preocupaciones y deseos, esperan que los otros les ofrezcan lo que necesitan de forma espontánea. Uno de los elementos donde se apalanca esta expectativa es en la valoración de la espontaneidad del otro como una prueba de afecto o valoración auténtica.

Puede suceder que alguien que necesita terminar con la duda sobre la veracidad del amor de su pareja, por ejemplo opte por no pedir explícitamente y se remita a dar señales, a la espera de que surja en el otro de forma espontánea la oferta de lo deseado. Desde su perspectiva pide entregando pistas, que él o ella deberían decodificar, llegando al punto de creer que efectivamente ha pedido, incluso que la petición ha sido transformada en un acuerdo y que al no verse cumplido es legítimo reclamar.

Una relación poderosa para trabajar y vivir exige que las personas expliciten sus intereses y preocupaciones actuales y futuros de forma frecuente y clara. De esta manera, no se cometerá el error de "pasar la cuenta" por cosas que no han sido pedidas, pero que se exigen en secreto, esperando el milagro de la espontaneidad.

Me cuesta pedir ayuda

A este individuo le cuesta pedir ayuda. Realiza sus tareas solo, aunque le acarree costos altos. Son personas con tendencia a hacer lo que les toca y lo que les toca a los otros. Dicen frases como: «es mejor hacerlo uno, porque entre que lo pides, tienes que revisarlo, pierdes el doble de tiempo», o con un suspiro de resignación: «Lo hago yo porque lo hago más rápido». Esta actitud les hace pagar un alto precio, que no es otra cosa que una alta sobrecarga de trabajo, además de la sensación de tener que asumir tareas que no les corresponden.

Seduzco al otro cuando pido

Otros son muy seductores y piden las cosas de manera muy convincente. A quienes reciben sus peticiones les resulta muy difícil decir que no. Estas personas siempre piden las cosas de manera adecuada, en el momento correcto. El envoltorio de esta petición hace que a quien la recibe le sea casi imposible decir que no.

Todo lo que pido es urgente

Cuando pide algo, todo es urgente, importante y no hay jerarquías claras. Todo es para mañana (o la frase típica en el trabajo «lo necesito ahora, era para ayer»). Esto es muy usual tanto en la familia como en las empresas donde en momentos de gran tensión se pide de forma totalmente compulsiva. El requerimiento se hace solo respondiendo a estímulos, sin criterio, transformándose en una demanda infinita y carente de prioridad.

Mi pedido se transforma en ruego

Otros cuando piden parece que fuera un ruego. Siempre utilizan un formato que se manifiesta con frases como «te suplico que...», cuando, por ejemplo, no es necesario dado que es una obligación del trabajo, o del compromiso que ambos tienen en la tarea. Realmente, esto no es una petición, es un ruego, una súplica y, por tanto, hace que el otro se sienta atrapado, parece que no se puede decir que no, ya que es un favor, y al mismo tiempo ese favor puede generar deuda. El ruego puede ser vivido como un gesto de cortesía; sin embargo, alterar la fuerza de la petición innecesariamente puede hacer caer a las personas en espirales de manipulación que generen costos relacionales.

Impongo cuando pido

Es el caso de las personas que simplemente imponen sus pedidos, casi sin aceptar cuestionamientos. Realizan sus peticiones como órdenes que deben ser aceptadas, le guste o no le guste a quien recibe el requerimiento.

Reclamo (cuando no he expresado de forma clara mi petición)
La petición es muy importante por una razón: cuando en una familia, comunidad o empresa se reclaman las cosas unos a otros, es que las peticiones no se han hecho con claridad.

No se han definido las condiciones, los plazos ni los responsables y, por eso, generan exigencias, porque no ha habido claridad en el requerimiento. La petición está mal hecha y aparecen las reclamaciones. Reclamar es volver a pedir algo; por eso, al pedir se debe hacer de forma clara, con plazos, con responsables claros y que las expectativas de la petición sean compartidas.

Petición falaz

Es una falsa petición, es pedir cuando algo no se necesita, o cuando no se confía en el otro. Puede surgir en relaciones conflictivas, como cuando alguien se quiere burlar de las incompetencias de un compañero haciendo pedidos falaces, destinados de manera premeditada al error. También puede ser que la petición falaz se dé cuando pido, pero desconfío de la capacidad de respuesta del otro, y entonces le pido lo mismo a otra persona.

Ofrecer

Es proponer alguna acción que se haga cargo de sus necesidades. Ofrecer de manera efectiva requiere de la disposición para aceptar el rechazo de una oferta determinada y de escuchar al otro para diseñar acciones que le favorezcan.

Para ofrecer es necesario ver el mundo interior del otro, sus necesidades, problemas y los problemas que él o ella creen que se avecinarán en el futuro. Conocer lo que el otro valora, cómo le gusta que se hagan las cosas y conectar con lo que desea.

Pensemos en el regalo más lindo que nos hayan hecho durante el último año, centrémonos en lo que sentimos y significó. Lo más seguro es que el valor no solo haya radicado en la utilidad del regalo, podríamos apostar que es la sensación de satisfacción que se generó en el otro al sentirse visto, anticipado y valorado. Una dádiva, propuesta o invitación es buena siempre que el que la recibe la valore positivamente. No es extraño que hasta recuerde el momento en que el otro identificó tu interés cuando se dio cuenta de lo que a ti te gustaba.

Si nos ponemos en el lugar de quien debe hacer un regalo, las preguntas que surgen son siempre las mismas: qué necesita, qué le falta; cuando tenemos estas respuestas podemos profundizar en sus intereses, ilusiones, hábitos o en los temas que son recurrentes en él.

Ponerse en el lugar del otro para entender el acto de ofrecer facilita la comprensión de cómo articular una buena oferta. En efecto, el objetivo es dar en el blanco de las necesidades del otro. Por ende, el primer error que podríamos cometer es ofrecer para nuestro propio beneficio, o a partir de lo que a mí me gustaría.

Nada mejor que ofrecer oportunamente. Fallar en esto es como llegar con un regalo que otro ya entregó en la fiesta de cumpleaños, o regalar una botella de whisky a alguien que se acaba de rehabilitar de sus problemas de alcoholismo. En las familias, ofrecer sin ver genera costos muchas veces irreparables. En la empresa, la oportunidad tiene que ver con leer el contexto político, económico y administrativo. Las tensiones a las que se ven sometidas las personas en el mundo del trabajo pueden hacer que una gran idea no llegue a ningún puerto. Por eso, no hay ofertas buenas ni malas, sencillamente hay momentos oportunos o desafortunados.

Hay casos en que cavamos nuestra propia tumba cuando ofrecemos cosas que no podemos cumplir. En ocasiones, la ansiedad por demostrar, el ímpetu por anticipar una solución o la búsqueda de la situación perfecta nos pueden llevar a ofrecer por encima de nuestras posibilidades. Lo aconsejable es ofrecer para sorprender, es decir, generar siempre circuitos de seguridad que aseguren el cumplimento de lo ofrecido.

Hay veces que es necesario allanar el camino para el ofrecimiento cuando el otro no es totalmente consiente de sus necesidades; o de la oportunidad de nuestra propuesta y los beneficios que le acarrearían aceptarla. Anticipar esta situación puede ser muy valioso. En el fondo estamos ofreciendo preguntas, interpretaciones, hechos; anticipando problemas que el otro no ve. Esta serie de guiños preparan el camino para la oferta final.

Una oferta poco común y muy necesaria es la oferta de reparación. Cuando cometemos un error, cuando ofendemos a otro, cuando incumplimos un compromiso, cuando rechazamos sin querer las buenas intenciones de alguien, nos bloqueamos, explicitamos nuestras intenciones y ponemos de manifiesto las dificultades que tuvimos para cumplir. Pero las explicaciones no reparan, a veces pueden ser peores. Volver a ofrecer y satisfacer es clave para cuidar las relaciones con los otros. Podemos reparar el daño causado en la acción y restaurar el vínculo de confianza y afecto.

Por último, ofrecer desde la intuición sin que el otro haya pedido nada y apuntar de manera efectiva a sus intereses es todo un acierto relacional, más aún, en algunas ocasiones es posible sencillamente realizar una acción determinada bajo el convencimiento de que será una grata sorpresa para el otro. En esta lógica de funcionamiento es posible generar la impresión de que uno es una persona que está atento a lo que le pasa y que es capaz de ofrecer sin que sea necesario que se lo pidan. Para llegar a este nivel de coordinación es fundamental poseer un alto nivel de conocimiento del otro, un conocimiento que está basado en una buena comunicación.

Patrones: Mi forma de ofrecer

Ofrezco de manera vaga

A veces ofrecemos de forma ambigua, sin definir con claridad las acciones ni los estándares o características de lo ofrecido, ni declarar los plazos acordados. Es más bien una forma de "buena educación", pero que no desvela un compromiso real en cuanto a ayudar a satisfacer las necesidades del otro. Por ejemplo, si dice: «Ya sabes que estoy aquí para lo que quieras», «llámame cuando me necesites», el otro se puede preguntar: «¿Qué me ha ofrecido?». Esto sucede porque no me he hecho cargo de lo que él necesita puntualmente, no he mostrado compromiso alguno con el mundo de las preocupaciones, necesidades y momentos en los que se encuentra esa persona. Esta es una manera de aproximarnos desde lo global, sin ser específicos y sin concretar. Entonces, los otros no saben qué pedir específicamente ya que desconocen con qué les puede ayudar.

Ofrezco lo que necesitas

Una persona que ofrece pensando en las necesidades del otro. Le ayuda ofreciendo algo que este desconoce, complementando sus conocimientos y falta de experiencia. Por ejemplo, un soporte tecnológico para poder realizar una tarea y cumplir el plazo. O le ofrece un descanso, ya que sabe que el otro tiene un problema personal. Entiende que necesita descansar y lo libra de ciertas tareas; se hace cargo de las necesidades del otro.

Ofrezco para pedir algo

Hay gente que ofrece, pero en el fondo lo que hace es una petición encubierta. Por ejemplo, llego a casa y le digo a mi mujer: «me gustaría que esta noche aceptaras mi invitación a cenar», y agrego: «iremos a un nuevo restaurante, a las 10 en punto. Cámbiate».

¿Realmente esto es un ofrecimiento? No, porque no le he preguntado si está cansada o si quiere ir. Le he ofrecido formalmente ir a cenar, pero sin considerar sus necesidades, ni su situación. Por tanto, esto que tiene forma de ofrecimiento, hasta de regalo, en el fondo es una petición encubierta.

Ofrezco sin que me lo pidan

Ofrezco soluciones a los problemas de los demás sin que me lo pidan. Esto lo podemos encontrar mucho en las tareas asistenciales, gente que ofrece constantemente presencia, ayuda sin que nadie se lo solicite. Esto provoca en el otro un sentimiento de deuda. Normalmente son personas con una necesidad importantísima de afecto y de ser reconocidos.

Esto no es lo mismo que ofrecer de forma precisa, honesta y generosa. De hecho, hay dos ideas muy importantes entre la petición y la oferta: tienen que estar equilibradas, ya que, cuando más equilibradas están, la relación es más estable, sostenible y se excluye la sensación de dominio y perdida.

Ofrecer y estar disponible

Hay una distinción muy interesante entre ofrecer y estar disponible. Hay quienes siempre están disponibles porque es más ambiguo y no desean hacerse cargo de una negativa a lo que ellos puedan ofrecer. Cuando estamos siempre a disposición corremos el peligro de no poder hacer bien nuestras labores. Y no se ofrece nada, ya que ofrecer tiene un foco, intención y el hecho de aceptar el posible rechazo de lo que ofrecemos.

Acordar

Es el resultado de un proceso de creación del futuro. Surge cuando dos o más personas logran co-inspirar sus deseos, necesidades e intereses y esto les permite generar acciones conjuntas para satisfacerlos.

Es un proceso de negociación que facilita coordinar acciones futuras o interpretaciones sobre cómo son las cosas.

Acordar es un proceso que establece declaraciones conjuntas y permite compromisos y promesas que coordinen efectivamente la acción futura.

Proponer por medio de una oferta o de una petición es invitar al otro a valorar lo propuesto y dar una respuesta. ¿Cuántas veces nos hemos visto en este dilema? Todos los días: cuando nuestros hijos nos piden permiso para ir a una fiesta, cuando nuestra pareja nos ofrece ir a la playa el fin de semana, cuando nuestro jefe nos pide que despidamos a alguien, cuando un cliente nos pide un presupuesto, cuando un compañero nos ofrece cubrir el turno al cual no podemos asistir. En todos estos casos hay dos respuestas posibles: sí y no. Lo más fácil y satisfactorio es decir sí o recibir un sí, pero la vida se nos complica cada vez que tenemos que negarnos a una oferta o petición.

No hay nada más agradable que brindar un sí como respuesta, o que te digan que sí a lo que propones. Esto quiere decir que las condiciones de la oferta o las peticiones requeridas fueron al menos consideradas como razonables y, en el mejor de los casos, totalmente satisfactorias. Por el contrario, algunos más, otros menos, todos nos vemos expuestos a la necesidad de dar o afrontar un no como respuesta. Esto nos abre un interesante abanico de posibilidades y dilemas: podemos decir que no definitivamente, también es posible aceptar parte de lo propuesto, o pedir un tiempo para pensar y decidir en el futuro con los antecedentes necesarios.

La dificultad para decir que «no», tiene tres vertientes. Primero: cuando tenemos claro que definitivamente no es lo que queremos o debemos hacer, el problema es cómo será vivido o afrontado el «no» como respuesta. Segundo: el rechazo parcial de una petición exige de parte de las personas una gran disposición a reformular lo propuesto, poniendo a prueba la capacidad de escuchar, de aceptar el cuestionamiento y la capacidad de cuidar y construir confianza. Tercero: la falta de claridad, respecto a si lo propuesto es la mejor alternativa o no, obliga a esperar para resolver, con las consecuentes tensiones que se generan en los interesados.

En el primer caso, cuando nuestra propuesta es rechazada, la manera de vivir el rechazo depende de la calidad de la relación entre las personas.

¿Cómo decir que no cuando tengo más poder que el otro?

Esta pregunta parece la más fácil de responder, pero es necesario ser sensible a los bloqueos que genera un «no» autoritario que, por lo general, extingue en los otros la sinceridad, incrementa una sensación de descontrol y desesperanza, y deteriora el compromiso. Por ello, mostrar las razones, dar contexto, mostrar las consecuencias y agradecer la propuesta permitirá que no se bloquee la aportación de las personas con las que trabajamos. En algunas ocasiones no es posible dar las razones, ya sea por temas tácticos o personales; en estos contados casos, vale la pena mencionar que es así y apelar a la consideración de los otros.

En el caso de que nuestra negativa venga dada por la desconfianza que genera la persona que ha realizado la propuesta, debemos mostrarle esa desconfianza que hay en su criterio, capacidades o responsabilidad y proponerle acciones para eliminarla.

En contraste con lo anterior, es posible que nos cueste decir que «no» aun cuando tengamos mayor poder en la relación; lo más probable es que en este caso tengamos dificultades para rechazar propuestas en todo tipo de relaciones. Si bien este caso es poco común, es la raíz de enormes tensiones, sobre todo en los equipos de trabajo. Directivos que evaden el conflicto, que no ponen límite o que postergan las decisiones tienen en común la dificultad de decir que «no». En el fondo, ello se fundamenta en el temor a perder el vínculo con los otros.

¿Qué hacer cuando nos cuesta aceptar un «no» como respuesta de un subalterno y nos sentimos impulsados a imponer?

Hay que imponer solo si es urgente. De lo contrario, es necesario abrirnos a escuchar las razones de nuestro colaborador; es posible que nos encontremos con alguien que consideramos con poco criterio, inmaduro e incapaz, pero también es probable que encontremos en sus motivos puntos de vista no considerados por nosotros en la petición.

Esta desconfianza puede estar anclada en la identidad del que cuestiona una petición; si dudamos acerca del compromiso y la capacidad del otro, nos resulta mucho más difícil abrir nuestro corazón a su cuestionamiento, y aceptar un «no» como respuesta. Por eso, uno de los elementos más importantes para aceptar un rechazo de alguien que tiene menos poder, es que su identidad sea poderosa; quien tenga más poder en la relación deberá explicitar la desconfianza y diseñar acciones para restaurarla.

Lo que más nos incomoda es que cuestionen nuestras peticiones personas que tienen menos poder. Podemos llegar a sentir que se nos ha faltado al respeto, o que nuestro criterio ha sido cuestionado. En este caso debemos indagar en nosotros mismos, desde donde surge la sensación de inseguridad en el vínculo; puede que la respuesta al principio no nos guste, pero trabajar para resolver esa inseguridad será la clave.

¿Cómo decir que «no» cuando el que me pide algo tiene más poder que yo?

Pocos partirían por preguntarse sobre cuál es la opinión que los otros tienen de su sinceridad, compromiso, criterio o capacidad, sin embargo, esta es la primera pregunta que uno debiera hacerse. Muchas veces tendemos a atemorizarnos y victimizarnos apelando a la dureza o arbitrariedad de nuestros superiores, y podemos llegar a aceptar compromisos que sabemos que no podremos cumplir. Y no nos preguntamos por qué a otros les resulta tan fácil cuestionar las peticiones de los que tienen más poder, y a nosotros no.

Cuando expliquemos bien las razones de nuestra negativa, cuando mostremos las consecuencias nefastas o peligrosas de llevar a cabo lo encomendado, apenas habremos dado el primer paso. La clave está en sopesar el nivel de credibilidad que producimos en los otros, dado que en ella se fundamenta la potencia de nuestro «no».

Un «no» bien argumentado –cimentado en nuestra credibilidad– es un punto a favor en la imagen que proyectamos; una persona que nunca dice «no», solo logra que sus «síes» no valgan nada.

Será necesario discriminar entonces con claridad si el bloqueo de la negativa como subalterno se debe a la fragilidad de nuestra identidad pública o a las inseguridades propias de nuestro superior. En este segundo caso, el foco de trabajo será asegurar el vínculo con el otro.

¿Cómo aceptar un «no» como respuesta de quien tiene más poder que yo?

Pareciera que este «no» es al que estamos más acostumbrados, pero no debemos permitir que esta situación ahogue nuestra voz para ofrecer o pedir nuevamente. El rechazo de una oferta bien intencionada puede herirnos, pues en ocasiones hemos trabajado mucho en desarrollarla, toda nuestra creatividad y conocimiento se han volcado en ella, hasta el punto de que nuestra identidad profesional o personal se ha fusionado con esta propuesta; por ende, ante la negativa nos sentimos rechazados como persona. El desapego a nuestra oferta, y el orientarnos hacia lo que realmente se necesita, valora o puede dar el otro, serán la clave para operar con levedad y resolución en el abandono de la oferta.

En el segundo caso, el de recibir un «no» parcial, este debiera invitarnos a indagar en los intereses del otro y generar una nueva oferta. Cuando estamos seguros de nosotros mismos, de lo que hacemos y de nuestra relación con los demás, no hay problemas para volver a pensar una propuesta. Será entonces imperativo desarrollar la capacidad de separar la valoración de la acción de la valía personal o de la definición de la calidad del vínculo entre los que lo acuerdan. También puede haber intereses contrapuestos que tensionen la situación, y será necesario quitar la atención de la propuesta e indagar en los intereses de ambos para generar una iniciativa que los satisfaga. En este caso, la clave es operar desde la levedad y orientarse a la reconfiguración de la propuesta basándose en las necesidades del otro.

En el tercer caso nos negamos porque consideramos que vale la pena proponer la espera y encontrar el momento apropiado para tomar la decisión; si tenemos más poder que el otro, es aconsejable explicitar cuáles son las razones de la espera y definir con claridad qué cosas deben pasar para poder contar con los criterios necesarios de cara a una buena elección. Es normal que los equipos de trabajo, ante la necesidad de postergar una decisión, no definan con claridad el momento en que consideran que estarán listos para dar la respuesta. Sugerimos acordar un tiempo definido (día, hora y lugar), para tomar la decisión definitiva. De lo contrario, este tipo de decisiones será vivido como un rechazo encubierto. Expresar a los otros que no se tiene la información necesaria para decidir ahora, o que no se han dado las condiciones todavía, y no arrojar luz sobre cuándo y cómo se evaluará la oferta, solo provocará desconfianza, frustración y la dramática conclusión de que no se tiene la fuerza para rechazar abiertamente una propuesta.

Todo acuerdo culmina en una promesa, un compromiso en el que están claros los responsables, las condiciones y los plazos. La mayoría de las organizaciones tiene sistematizada la manera de dar seguimiento a los acuerdos y compromisos. Sin embargo, muchas veces fallamos al no renegociar a tiempo, cuando anticipamos que no vamos a poder cumplir. Renegociar es volver a ofrecer, pero muchas veces es vivido como un fracaso y se posterga hasta el último minuto; incluso algunas personas llegan a incumplir dando su mejor esfuerzo y esperan que este esfuerzo sea valorado como una compensación al incumplimiento. Nuevamente, el problema de base es relacional: la falta de orientación hacia el mundo interior del otro, el ensimismamiento en la tarea, acompañado del agobio que esto provoca, crean el deterioro en la confianza y el reconocimiento positivo de los otros. Proponemos cuidar los intereses y deseos de los demás renegociando a tiempo los plazos, estándares y condiciones de lo acordado, para la satisfacción de los otros y el cuidado de nuestra imagen.

Otro elemento que nos va a permitir establecer acuerdos sólidos es no dar por hecho algo sin comunicarle al otro que efectivamente lo hemos hecho. Después de celebrar un compromiso asegúrese de que la otra persona esté satisfecha con lo acordado en tiempo, calidad y oportunidad. Vuelve a ser fundamental el plano relacional, dado que no se cierra el proceso al ejecutar lo acordado, sino que el cierre se efectúa en la búsqueda y obtención de la satisfacción del otro.

Finalmente, resulta curioso que en nuestra cultura las personas entiendan la negociación como un proceso de enfrentamiento; esto es así porque han restringido la interpretación del vocablo al espacio de iteración para generar acuerdos en escenarios con intereses contrapuestos y con cuotas de poder similares. Sin embargo, la negociación es mucho más amplia, es también el terreno para el desarrollo de líneas de acción entre personas que compartimos los mismos intereses, que buscamos los mismos objetivos y que necesitamos elegir dentro de diversos caminos cuál es el mejor, el más económico, el más entretenido, etcétera. Pero además es el lugar para la inspiración conjunta de sueños y deseos.

Patrones: Mi forma de acordar

Mis acuerdos son equilibrados

Como hemos visto en patrones anteriores hay personas que piden mucho y ofrecen poco. Hay personas que ofrecen mucho y, en cambio, no se sienten con el derecho a pedir. Cada uno de nosotros tiene un triángulo que no siempre es equilátero o equilibrado. Muchas veces tendemos a utilizar la petición-oferta de forma desequilibrada.

Mis acuerdos son claros

La manera que tengo de llegar a un acuerdo con otros permite que se establezcan con claridad: se explicitan los compromisos asegurando que cada parte entienda lo mismo, con responsables, plazos y requerimientos definidos.

Hay personas poco claras a la hora de definir sus requerimientos, son ambiguas en sus compromisos y dejan el acuerdo abierto ¿Por qué?, porque así no se comprometen y pueden seguir haciendo lo que quieren; de hecho, un acuerdo abierto facilita que el compromiso sea bajo.

Los acuerdos poco claros y la falta de formalización de los compromisos dejan en tierra de nadie la responsabilidad de avanzar en un proyecto. Favorecen la justificación de las tareas no hechas, como si el equipo se empantanara, pudiendo llegar al bloqueo, estancamiento o fin de la organización; y, en el ámbito personal, a la ruptura familiar.

Mis acuerdos son renegociables

Hay personas que cuando no pueden cumplir un compromiso renegocian los plazos y las condiciones de forma clara y directa. Están dispuestas a adaptar y renunciar tanto a lo que piden como a lo que ofrecen en función de los objetivos comunes. Son personas dúctiles, que están abiertas a renegociar constantemente, cuando pueden cumplir y cuando no.

Por otro lado, también hay personas que temen renegociar y confían en que el esfuerzo implicado en cumplir el compromiso compense el incumplimiento.

Mis acuerdos son imposibles
A muchas personas, como les cuesta decir que no aceptan acuerdos injustos, dificultosos, más allá de sus posibilidades o que simplemente no tienen ganas de aceptar.

Sobre el incumplimiento
Hay personas que cuando incumplen los acuerdos no reaccionan. Guardan silencio, acumulan rabia y, en un momento dado, explotan generando un conflicto mayor.

Otras reaccionan inmediatamente con enfado, descalificando al otro, abandonando el acuerdo y optando por pedirle a otro que lo haga.

En cambio, otros exigen directamente que la persona repare el daño causado por el incumplimiento. Aunque puntualmente pueda parecer un acto más violento, el proceso es más limpio y transparente por que no se acumula frustración. Asimismo quien falla en el cumplimiento de una promesa puede orientarse rápidamente a subsanar el deterioro o el daño causado en el otro, lo que permite salir de la rabia o de la molestia a la acción y a la restauración de la confianza.

Celebrar el cumplimento
Es importante que cuando se cumpla un trato haya un acto de reconocimiento entre las personas implicadas. Celebrarlo refuerza la responsabilidad y motiva que los acuerdos sigan siendo eficientes.

Reguladores relacionales: escuchar y reconocer

El escuchar y el reconocer cumplen la función de reguladores en la relación con los otros. Por ejemplo, en una negociación cotidiana que se da en una familia compuesta por el padre, la madre y su hijo adolescente. Un día, el hijo les dice a sus padres: «este fin de semana voy a ir con mis amigos a un recital y pretendo volver a las 8 de la mañana, durante la semana prometo estudiar todos los días hasta las 12». El joven está forzando un acuerdo y sus padres le dicen que no. «Ni hablar de llegar a las 8 de la mañana.»

El joven lo vuelve a intentar al día siguiente, esta vez se acerca a su madre cariñosamente, se acurruca y le da besos. Luego barre, sirve la mesa y efectúa todas las labores de la casa que nunca hace, por supuesto, con la intención de crear un estado favorable a que el acuerdo que pretende sea positivo. Al volver a realizar la petición, él plantea que quiere ir a una fiesta y que volverá tarde.

«¿A qué hora?», le pregunta su madre. «A las 6 de la madrugada», responde él. Su madre, tajantemente, le vuelve a decir que no.

A las 18 horas del sábado, en el momento en que el hijo va a cerrar la puerta para irse, murmulla una serie de cuestiones incomprensibles y cierra la puerta. La madre le pregunta a su marido si el adolescente ya habló con él. El hombre se encoje de hombros y dice que no. Entonces la madre, enojada, le dice: «entonces soy yo la que siempre tengo que poner límites». El hombre, algo perplejo, le responde: «no sabía nada. ¿A qué hora te dijo que llegaba?». «A las 8», dice la madre enojada.

Finalmente es la madre quien espera a su hijo despierta. Como de costumbre, el padre duerme a esa hora. Al llegar, el adolescente se va directamente a su cama. Se levanta tarde y, a la hora de la comida, hay una discusión que gira alrededor de «estamos perdiendo la confianza en ti, no podemos seguir así». En el fondo, en esta situación el triángulo está bloqueado.

Hay una pregunta que plantear: ¿Volverá a repetir esta conducta el adolescente? La respuesta es sí. Primero hará el intento de normalizar el triángulo, pero luego volverá a repetir esta conducta. ¿Por qué?, por dos motivos. Primero, incumplir el acuerdo tiene pocas consecuencias. Y en segundo lugar, el acuerdo está construido solamente en petición-oferta. Cuando esto se bloquea, la única manera de desbloquearlo es hacer el acuerdo desde la escucha y el reconocimiento, y no insistir constantemente. En el caso del adolescente hay que plantear la escucha y el reconocimiento desde otro sitio.

La primera consideración es que el mundo en que vive el joven no es el que vivían sus padres a su edad, y la otra consideración, que es fundamental, es que los padres están hablando con el hijo que imaginan, con el que desean o necesitan para sentirse bien, pero delante tienen a un ser humano distinto.

Desde el reconocimiento y la escucha, los padres lograron volver a sentir que su hijo seguía siendo su hijo, aunque no fuera como deseaban, que el amor es el que podría volver a resituar todo y que tendrían que volver a reconstruir tanto la imagen que tenían de su hijo como su relación con él, pero no ya desde la penalización, sino desde la escucha y el reconocimiento.

Cuando hablaron con el adolescente, ahora desde la escucha y el reconocimiento, el resultado fue completamente distinto. El joven explicó que no podía volver a las 2 o 3 de la madrugada como le pedían ya que si él llegaba a la fiesta a las 12, o lo confundían con la persona de la limpieza, o con el que llevaba las bebidas, porque a esa hora no hay nadie en una fiesta. Además, la banda a la que iba a ver tocaba a las 3 de la madrugada ya que había un telonero que comenzaba a las 2. El concierto terminaba a las 5:30 de la mañana. Los padres descubrieron que bajo estas condiciones era imposible que su hijo cumpliera el acuerdo de las 3 de la mañana; cuando ellos eran jóvenes, las fiestas comenzaban a las 11 de la noche, ahora las fiestas comienzan a las 2 de la madrugada.

Por otro lado, el adolescente también tenía que oír a sus padres. Para ellos no era un tema de horario, sino de miedo. Miedo a que su querido hijo viviera cosas que ellos no pudieran controlar. Tenían miedo de que estuviera en peligro y que le pasara algo malo. Que ellos le querían y tenían temor a perderlo.

Al plantear el hijo y los padres sus motivos y posiciones, se generó un acuerdo distinto, un trato que fue cumplido por ambas partes, ya que fue construido desde el reconocimiento mutuo, desde la escucha de que el otro vive una realidad distinta a la mía, y que ambas son válidas y comprensibles desde su perspectiva correspondiente. El acuerdo consistía en que el adolescente no conduciría ningún automóvil y que a las 2 de la madrugada llamaría. Finalmente, el acuerdo fue entendido y respetado por ambas partes.

Desde otra perspectiva, cuando los sindicatos están negociando con la patronal y llegan al acuerdo de que no van a filtrar ninguna información y, antes de que acaben las reuniones, ya están con sus teléfonos filtrando lo que allí se ha acordado (o lo que se está acordando), queda claro que el triángulo está bloqueado. Tanto en el caso del adolescente como el de los sindicatos, hay que abordar la situación desde la escucha y el reconocimiento. En el caso de los sindicatos hay que entender un punto fundamental. Los sindicatos tienen que existir, es un derecho ganado por los trabajadores que está estipulado por ley. En definitiva, es un principio de realidad. Mutuamente deben reconocerse y negociar sus demandas laborales, con transparencia y claridad.

Tal como hemos visto en estos ejemplos, podemos llegar a sentir que tenemos bloqueadas las relaciones. Las cosas no ocurren como deseamos, los acuerdos a los que llegamos a veces no se cumplen. Entramos en espirales recurrentes que hacen que las relaciones de nuestras redes familiares o profesionales se vayan debilitando o, en casos más extremos, se rompan.

En una relación con un colaborador al que le hemos pedido 20 veces que haga una cosa que aún no ha hecho y al que le hemos vuelto a insistir de forma clara, ordenada y precisa, además de ofrecerle opciones concretas de manera transparente, en el momento en que dice sí y nuevamente no cumple, ya no sabemos qué más hacer. Cuando esto sucede con nuestro conyugue, un hijo, un padre o un hermano y volvemos a mejorar nuestras peticiones y ofertas, hacemos un acuerdo aceptando todas las condiciones del otro, redimensionándolo para que lo pueda cumplir, porque está en los límites y no se cumple. Ahí nos damos cuenta de que es necesario recuperar los dos actos que regulan: escuchar y reconocer.

Si en la petición, la oferta y el acuerdo circula la tarea, lo operativo o mental, en los actos reguladores está la emoción y los sentimientos y la capacidad de hacer sostenible una relación.

Tenemos que reconocer al otro como alguien distinto a mí. Aceptar esa realidad, manejarla y escuchar al otro desde esta aceptación de la diferencia. Entendiendo cuáles son las razones más personales por las que él no puede cumplir el acuerdo, porque hay algo que ha pasado que nosotros no hemos escuchado, no hemos percibido y se nos ha hecho invisible; algo ha pasado y no lo hemos reconocido en el otro, esto nos ha impedido fluir en la relación y, por eso, se ha bloqueado. Esta relación hay que regenerarla, desbloquearla, y esto se logra con la escucha y el reconocimiento.

Escuchar

Es ver al otro y lograr que se sienta comprendido, siendo capaz de poner atención a sus emociones, explicaciones, acciones y al sentido que tienen las personas y los hechos para él.

Es aceptar que el mundo de los otros es distinto, y aunque es imposible llegar a estar en su lugar, podemos acercarnos y hacerle sentir que estamos a su lado.

Entre cada uno de nosotros hay un muro. Aprender a escuchar es aceptar que existe esta distancia, y que este abismo que nos separa de los otros es propio de nuestra naturaleza. Es necesario que entendamos esta premisa fundamental, para así poder acercarnos de forma genuina a otros seres humanos, disfrutar del encuentro y de la diversidad que ellos nos ofrecen.

Al escuchar, lo hacemos dentro de una escena que es única, propia y que, aun cuando la narración de los otros participantes parezca similar, siempre tendrá su propia identidad. Este muro se fundamenta en el hecho de que vivimos sumergidos en una historia, nos narramos a nosotros mismos, los otros y al mundo; y desde allí escuchamos lo dicho por los demás.

Cuando escuchamos, solo podemos escuchar lo que está disponible a partir de los automatismos interpretativos que poseemos, es decir, a partir de la innumerable serie de asociaciones

instantáneas que hace nuestro sistema nervioso para dar significado a lo dicho a través del lenguaje, los gestos, las circunstancias
y la relación que tenemos con los demás. De la misma forma que
el sistema nervioso construye automáticamente en nuestro cerebro las nociones de color y sonido, en una fracción de segundo –de
forma automática y veloz– damos significado a lo vivido en nuestras relaciones.

Cada uno de nosotros asocia un ruido a una imagen (persona,
acción, tiempo, intención etcétera), y luego, al escuchar la serie
de ruidos con significados asociados, se articulan en un todo que
históricamente ya ha significado algo, una vez construida la imagen de lo dicho por otro.

Al enseñar a las personas en los talleres cómo opera nuestro
sistema interpretativo, muchas de ellas se llenan de asombro y, al
mismo tiempo, se les abre la posibilidad de quitar la cuota de certeza que impregna cada interpretación que hacen, entregándose
así a la posibilidad de escuchar mejor a otros.

Cada vez que escuchamos nos emocionamos. Esta emoción
puede predisponernos a la defensa, el ataque, la huida o al placer del encuentro, la curiosidad, y también en ocasiones al aburri-
miento (cuando no es ni amenazante ni atractivo) o a la confusión
(cuando nuestras interpretaciones no logran dar sentido a una determinada temática). Un mismo contenido puede ser vivido por una
persona como una cosa divertida, liviana e inocente; y por otra
sentida como una burla, una amenaza o una venganza.

A partir de lo anterior, las reacciones pueden expresarse con o
sin consciencia del otro. La consciencia del otro significa aceptar
que el otro piense y sienta algo distinto a nosotros frente a una misma situación, sin descalificarlo como falso e inadecuado. Prestan-
do atención a lo que siente, y no solo a lo que dice.

Sin esta consciencia operaremos en la certeza de que lo escuchado es lo dicho, y que lo sentido es lo que el otro intentó decir. Al

incrementar nuestra consciencia del otro, también enriquecemos nuestra valoración de él, que es conocer y respetar sus hábitos y costumbres.

Saber escuchar es indagar en los objetivos, intereses, problemas, valores, motivos y preocupaciones de los demás. Indagar es buscar en la experiencia del otro, exige ingresar en su mundo y supone estar atento a sus palabras, silencios, movimientos, gestos, tonalidad de su voz, ritmo y a las figuras que utiliza al hablar, para después de escuchar lo expresado, poder hacernos una idea de qué es lo que no ha sido dicho y, entonces, preguntar. Indagar requiere de la pregunta sutil y apropiada de alguien interesado. Una buena indagación provoca la sensación de ser visto y permite la generación de ofertas pertinentes que sorprenderán al otro; ser capaces de identificar cuál es el objetivo de determinada interacción permite hacernos cargo del "para qué" en que el otro se mueve. Indagar abre la posibilidad de ver los problemas que vive la otra persona, ver lo que para ella no tenía que suceder, pero ha sucedido; lo que tenía que pasar y no ha pasado.

Escuchar es aprender a estar de acuerdo en que podemos estar en desacuerdo. Así podemos indagar en la forma de pensar del otro, con curiosidad y sin anteponer nuestros prejuicios.

También podemos proyectarnos en la idea de futuro que el otro tiene y visualizar cuáles son sus preocupaciones, o sea, los potenciales problemas que el otro avizora a medio y corto plazo.

Para escuchar de mejor manera a los demás, es aconsejable devolver al otro lo interpretado, repetir lo dicho por él, expresar lo que creemos que siente.

En ocasiones decimos cosas que no queremos decir. En otras nos quedamos callados por no saber contar lo que nos pasa. Escuchar, entonces, será tener en cuenta que a los demás les puede pasar lo mismo. Pocas veces permitimos a los otros revisar lo que han dicho, y menos aún ajustar sus palabras. Saber escuchar es también permitirle a él o ella desdecirse, retractarse, sintonizar con lo que realmente siente y resonar con ello.

Parones: Mi forma de escuchar

Escucho con respeto
La forma más adecuada de escuchar es cuando lo hacemos en un espacio apropiado y le damos al otro el tiempo que requiere. Es una señal de respeto reconocer que quien habla tiene algo importante que decir y merece la atención correspondiente.

Escucho sin escuchar
No hay nada peor que hacer ver que se escucha, pero lo cierto es que estoy ausente pensando en otra cosas. Esta actitud provoca en el otro un sentimiento de maltrato y negación.

Escucho otro punto de vista
Escuchar también significa aceptar que el otro piense y sienta algo distinto. Cuando oigo algo que no quiero, corto la conversación, quedándome con mi juicio. Estoy negando que el otro tenga algo que decir.

Lo adecuado es indagar en la forma de pensar de los otros; en lo que sienten, lo que les gusta y no les gusta, lo que les preocupa y lo que no les preocupa. Poner atención en lo que dicen, cómo lo dicen y en lo que no dicen.

Escucho con atención
Es muy importante que al escuchar estemos constantemente comprobando que lo que oímos realmente es lo que nos quieren decir. El que habla está en un lugar con sus necesidades y nosotros nos encontramos en otro lugar con las nuestras. Preguntar cuando no

entiendo, pedir más claridad en las ideas me permite evitar malos entendidos.

Escucho en el espacio apropiado

Muchas veces estamos muy ocupados y no generamos las condiciones apropiadas para conversar. El abuso del correo electrónico, la conversación telefónica, la reunión con multiplicidad de temas por tratar, la conversación rápida del pasillo, el intento por responder los correos cuando alguien quiere decirnos algo, la falta de consciencia de la tensión que genera el poder en las relaciones son todos elementos que inciden en que personas que son parte de una red de trabajo o de la vida no encuentren el espacio para decirnos lo que realmente quieren decir. Es verdad que determinadas temáticas no requieren más que un *email* o una breve conversación en el pasillo. Sin embargo, las conversaciones más profundas, o aquellas en las que los protagonistas no han construido los contextos de obviedad necesarios para una conversación rápida y efectiva, son las que requieren que cada uno aprenda a crear los espacios apropiados para escuchar. Un aspecto más íntimo del crear los espacios para escuchar tiene que ver con despejar un espacio interior para ver al otro, eliminar las preocupaciones que generan el absentismo psicológico del que escucha y brindar las condiciones de atención que el otro requiere. El aspecto más concreto de esta dimensión tiene que ver con las condiciones físicas y de tiempo para sostener una buena conversación.

Reconocer

Es compartir con otro la opinión y los afectos que tengo por él o ella. Es ser capaz de mostrarle y hacerle sentir lo importante que es para mí y cuáles son las cosas que valoro positivamente y aquellas que creo es necesario mejorar.

Es aceptar que mis opiniones y emociones sobre los demás son el resultado de mi historia, que no describen a los demás, pero que influyen en la manera en como ellos se ven a sí mismos y en cómo se relacionan conmigo.

Es imposible no reconocer, si entendemos el reconocer como la devolución que yo hago al otro de la imagen que proyecta en mí, basta con que el otro se sienta no visto, se sienta ignorado para devolverle la imagen de su no existencia ni relevancia en mi mundo.

Declarar invisible o inexistente a alguien es un forma de agresión porque todo lo que haga o deje de hacer influye en la percepción de valor que los otros tienen en su mundo. Es decirle al otro: «tú en mi mundo no existes, no tienes valor»; eso le sugiere que él en el mundo no tiene valor. Este desequilibrio produce anomia, duda de su propia valía personal.

Ya hemos dicho que el reconocimiento es uno de los reguladores fundamentales en las relaciones entre las personas. Desde que nacemos buscamos ser reconocidos por los otros, esperando el afecto y la valoración positiva de los demás. En las interacciones que vamos teniendo desde pequeños hasta que somos adultos, la imagen que los otros nos devuelven va constituyendo la sensación de quiénes somos y, al mismo tiempo, de quiénes son los que están con nosotros, de quiénes están más lejos de nosotros e incluso en contra.

Este proceso no se detiene nunca, durante toda la vida estamos reconfigurando la idea de nosotros mismos. Y esta sensación de quiénes somos nos permite vivir de forma más plena la vida que tenemos con los demás. Ya hemos dicho que yo soy otro, que yo no solo soy yo, sino que además soy la imagen que los otros tienen de mí. Y esa devolución que ellos hacen va alimentando la sensación de poder y plenitud que tengo en la relación con los demás. Por tanto, el reconocimiento es fundamental para poder construir relaciones poderosas y permite vivir vidas más poderosas y plenas.

El reconocimiento en la vida y el trabajo está implícito en todas las interacciones, sin embargo, muchas veces se limita a pequeños comentarios y opiniones respecto a lo que yo hago bien o mal. Pero el reconocimiento más importante es la demostración sistemática de que estoy contigo, de que puedes contar conmigo y de que estoy a tu lado.

Hay una historia que siempre cuento, mientras discutía con mi hermana sobre un tema familiar ella me dijo: «no discutamos más, tú tienes la razón siempre, en nuestra historia familiar siempre has sido más inteligente que yo, siempre tenías la razón en todo, pero mira, sobre este punto que conversamos ahora, yo, como no puedo explicarme bien, pareciera que mi palabra no tiene sentido; pero yo te amo, y como te amo, lo que estoy pensando es por el bien tuyo; y como tú eres capaz de articularlo mejor, por favor piensa un momento en lo que yo estoy pensando, y mira si te sirve o no». Después de eso, la única conclusión que se puede extraer es que su inteligencia relacional era superior a la mía. El giro que ella hace en la conversación se fundamenta en «pero yo te amo», y termina con la discusión aparente de quién es más o menos inteligente o quién tiene o no tiene la razón. Ella cambia el vínculo, me reconoce y me pone con ella; y al ponerme con ella me valida, luego me permite a mí escuchar lo que ella dice desde otra posición.

Reconocer es definir la relación en la que estamos, y después de definida esta relación, puedo mostrarle al otro cómo lo veo; y lo dicho por mí será vivido de manera creativa o desde la amenaza o generando la consecuente defensa.

En el trabajo, las personas muestran continuamente a los otros lo que les falta, lo que tienen que mejorar, pero pocas veces nos encontramos con el reconocimiento de lo positivo, de lo que hay o de lo bueno. El agradecer como acto de reconocimiento, mostrarle al otro lo bueno que ha sido para mí, lo que él ha hecho, también es una forma de devolverle el quién es para mí. Agradecer, declarar satisfacción por lo hecho por un colaborador, por un hijo o por un amigo es una manera de restituir al otro la imagen que yo tengo de él y permitirle fortalecer el vínculo para poder trabajar y vivir juntos de mejor manera.

Reconocer es permitir el encuentro, reconocer es compartir la imagen que yo tengo de ti a fin de poder fluir de una mejor manera en el trabajo cotidiano para poder mejorar y poder consolidar la sensación que tenemos de lo bueno que hacemos y de lo que nos queda por aprender.

Reconocer también es fundamental para aprender. Mostrar al otro cómo lo veo en aquellos aspectos que tal vez él no ve de sí, esos puntos que para mí son más importantes y aquellos que no tanto, le permitirán orientarse para poder actuar de una mejor manera en el trabajo. Sin embargo, muchas veces, cuando damos *feedback* o afrontamos una retroalimentación en el trabajo, este espacio se llena de tensión, dudas; preferimos no decir lo que pensamos del otro, porque el otro lo puede vivir de una mala manera, y acabamos postergando nuestras opiniones. En otras ocasiones damos opiniones generalizadas y somos poco específicos a la hora de mostrar con claridad qué es aquello que creemos es bueno y tiene que seguir estando y aquello que es posible mejorar. El reconocimiento efectivo es oportuno, es específico, es claro y da hechos concretos que al otro le permiten ver en qué circunstancia, en qué momento, sobre la base de qué acción, reacción me he formado la imagen de él. Siendo claros y específicos le permitiremos al otro seguir fortaleciendo aquellos aspectos que son fuertes y mejorar aquellos que son débiles.

Otro punto importante al reconocer es cuidar la imagen pública del otro en el mundo del trabajo, es decir, preocuparnos de que aquellas cosas que el otro tiene que mejorar se den en un espacio de privacidad para que sean vividas como un regalo que le permite crecer; y no someterlo al escarnio público, o al consecuente deterioro de su imagen en el equipo. Construir relaciones poderosas significa fortalecer la imagen que yo tengo de ti en mí y que la imagen que tú tienes de mí también sea fuerte; eso es un vínculo poderoso y el reconocimiento está en el centro del fortalecimiento de los vínculos entre las personas. Por eso en el trabajo esta es una labor fundamental y necesaria.

El reconocimiento también transforma. La definición que los otros hacen de uno define el espacio de posibilidades en que nos movemos. Valorar positivamente a alguien de forma sistemática puede llegar incluso a hacer que esa persona se transforme en aquello que declaramos. Si nos ponemos todos de acuerdo en definir a alguien de una determinada manera, curiosamente esa persona puede llegar a operar, funcionar o sentirse de la forma en que la hemos definido. Es normal ver que un trabajador de una empresa en la que ha sido definido de forma negativa, al ser movilizado a otro grupo donde su definición cambia, logra tener un desempeño significativamente superior que en el grupo de origen. Y eso es así porque el entorno puede llegar a atrapar a una persona en una definición. Y en ocasiones, esa definición es útil a lo que el sistema (los otros) necesitan ver en esa persona: ser el incompetente de un grupo puede ser funcional para el grupo, ser el disfuncional o el conflictivo puede ser útil para la dinámica en que el grupo está. Por tanto, la definición de quiénes somos en un grupo determinado debe pensarse como un juego de roles dentro de un sistema; el reconocimiento es un mecanismo por medio del cual se estabiliza en ese rol. Por eso el reconocimiento es un arma de doble filo, puede encender la vida de una persona, llevarla a la expresión de sus máximas potencialidades, como también puede hundirla en la definición negativa que cierra oportunidades para su crecimiento.

¿Cómo eres visto por los otros? ¿Cómo eres definido por los demás? ¿Cómo defines a los demás con tus palabras? ¿Eres capaz de darte cuenta de cómo tus definiciones muchas veces atrapan y reducen el espacio de acción y vida de los otros? El reconocimiento público de lo positivo y de lo negativo puede llegar a coordinar la interpretación que los otros tienen de uno o un tercero, y esa expresión pública de reconocimiento puede atrapar a esa persona en una posición determinada.

Reconocer es devolver, definir, abrir y cerrar oportunidades en el mundo a los otros.

Patrones: Mi forma de reconocer

Reconozco públicamente
Reconocemos el trabajo bien hecho sin ninguna dificultad. Lo hago sin tardanza, dando una opinión clara y ordenada a todos los involucrados de manera pública y transparente.

Reconozco individualmente
No tengo problemas en reconocer un trabajo bien hecho, pero lo hago individualmente, de forma privada, sin que el resto de los involucrados se entere.

Reconozco de forma imprecisa
Reconozco de una forma ambigua, imprecisa y genérica. Es un reconocimiento que debe interpretarse entre líneas, ya que no queda clara la opinión de la persona que reconoce, ni si efectivamente está reconociendo algo.

Reconozco solo lo excepcional
Reconozco solamente lo excepcional, omitiendo el esfuerzo, la constancia y la dedicación sistemática que otros han dedicado a su labor.

Reconozco para poner límites

El reconocimiento no es solo dar palmaditas en la espalda, también es mostrar al otro aquello en que puede mejorar y señalarle un camino para que pueda lograrlo. Ponerle límites y aceptar las peculiaridades de los demás es un signo de preocupación.

Reconozco para dominar

Existen conductas que convierten el acto de reconocer en un instrumento de dominio. Primero, se puede alabar a una persona y transformar el reconocimiento en un instrumento de manipulación. Pero cuando la persona se da cuenta de ello, se siente utilizada y la relación se deteriora.

En segundo lugar, a veces tendemos a reconocer solo lo que falta, lo que está mal, nunca lo que el otro hace bien. El reconocimiento pasa a ser un acto de persecución. Por ejemplo, un colega de trabajo nos presenta una propuesta que es realmente una aportación, y en la cual se nota esfuerzo y dedicación, pero solo le hacemos ver sus faltas de ortografía, aunque sea un detalle ínfimo respecto del resultado global. Con ello le damos a entender que nunca es suficiente porque siempre le exigiremos más y más.

Reconozco para dar confianza

Al reconocer el lado vulnerable y las inseguridades del otro podemos apoyarlo reforzando sus fortalezas, preguntándole aquello que hace bien, y a partir de allí podemos ayudarlo en las áreas donde tiene más dificultades.

7. ¿Cuál es nuestra forma de estar con los otros? Estilos personales de relación

No tenemos estilos puros, transitamos de un polo a otro

Sabemos que las circunstancias y el contexto influyen en la manera en que nos vinculamos con los otros, pero también es cierto que tenemos una tendencia natural a abordar los acontecimientos de nuestra vida de una forma determinada. Por ejemplo, se puede dar el caso de que seamos extrovertidos con nuestra familia, amigos y compañeros de trabajo, pero en algún momento, ante una situación nueva que nos provoque inseguridad, nos comportamos tímidamente, aunque al cabo de un tiempo, cuando nos familiarizamos con esta nueva situación volvamos a ser abiertos y comunicativos. También se da el caso de que una persona introvertida en un espacio de seguridad, tras un periodo de acomodamiento, pueda actuar de forma extrovertida, aunque su tendencia a comportarse con la gente sea desde la distancia y el silencio.

Ninguno de los tres estilos que presentamos son puros, oscilamos entre dos polos donde se dan determinadas características de cómo afrontamos nuestras relaciones con otras personas. Uno de los elementos que influyen en nuestra tendencia a relacionarnos se da cuando nos encontramos con los poderosos, donde podemos sobreactuar o acomodar nuestro estilo según sea nuestra posición ante el poder: atacarlo o acatarlo.

También podemos encontrar que nuestro estilo de relación se adapta y se modifica en entornos en los que somos aceptados y amados de forma incondicional, y en espacios donde tenemos que mantener nuestra capacidad de generar valor en la relación con los otros para ser reconocidos y ser vistos.

En la descripción siguiente de las 3 C y los cuadros de polaridades podremos identificar qué tendencia mostramos a la hora de abordar situaciones, cómo nos relacionarnos con otras personas.

Las 3 C: Constructor, Conservador, Controlador

En los capítulos precedentes hemos realizado una descripción de las formas y usos de los cinco actos relacionales: pedir, ofrecer, acordar, reconocer y escuchar. Basándonos en ello, en nuestro trabajo como consultores en empresas e instituciones públicas hemos observado que tendemos a relacionarnos de una manera determinada con otras personas. Por esto, proponemos tres estilos de relación que los hemos denominado como las tres C: Constructor, Conservador y Controlador.

El constructor tiene un estilo de relación orientado a crear, seducir, facilitar que las cosas sean posibles y que los proyectos se lleven a cabo.

El conservador tiene un estilo de relación orientado a mesurar, cuidar y proteger a las personas.

El controlador tiene un estilo de relación normativo y restrictivo respecto a la forma en que se desenvuelve con las personas y los grupos humanos en los que participa.

Constructor

En el constructor hay una distinción entre facilitador y seductor.

Constructor facilitador (CF)

- Su estado emocional predominante es de alegría y optimismo. Tiene un guion de vida en que la actitud es la de "yo quiero" y "yo puedo".
- Es innovador en sus ideas y coopera con los demás. Está orientado genuinamente hacia las personas y asume la responsabilidad de lo que hace y de lo que deja de hacer.
- Es responsable en sus compromisos. Cumple las normas porque piensa que son importantes para cuidar de él y de los otros. Pero al ser un facilitador, siempre se asegura de que esas normas no limiten sus proyectos ni le cierren posibilidades.
- Es un visionario que estimula a los otros para que las cosas sucedan. Estar con un CF es estar con alguien que te acompaña para que crezcas junto a él.
- Escucha atentamente y de forma efectiva a los demás. Siempre ve a los otros, y posee un alto umbral de reconocimiento, por lo que los dos actos más emocionales los maneja con mucha facilidad.
- Sus peticiones son claras y precisas. Va más allá de lo planeado e invita a los otros a acompañarlo.
- Siempre ofrece, haciéndose cargo de las necesidades de quienes lo rodean; y sus acuerdos son siempre explícitos, ya que sabe perfectamente que el acuerdo se tiene que cumplir.

Constructor seductor (CS)

- Si la emoción básica del facilitador es de alegría y optimismo, en el seductor –aunque ante los ojos de los demás se vea muy seguro– es de temor. Un temor a que no lo quieran, a que no le guste a alguien, ya que su objetivo es agradar a todo el mundo (a pesar de que eso es imposible).

- "Quiere" y "puede" hacer las cosas, pero sus objetivos los logra de forma instrumental, porque el seductor necesita "querer" y "poder". Está muy orientado a los resultados para obtener lo que pretende.

- Ve a las personas, aunque para él lo más importante es cumplir con sus objetivos, por lo que puede llegar a instrumentalizar al otro para conseguir sus metas.

- Se siente al mando de su vida, pero no asume responsabilidad frente a los otros. Le cuesta reconocer aquello que no hace bien y es muy difícil que reconozca la responsabilidad de algo; su tendencia es la de culpar a terceros.

- Las normas puede utilizarlas para conseguir lo que quiere, aunque siempre tiene un sentimiento de haberlas transgredido.

- Más que un innovador, está atento a las tendencias, sabe reaccionar con rapidez e imita y reproduce muy bien. En algunas ocasiones le cuesta reconocer la autoría de las cosas que no son suyas. Su liderazgo y presencia en grupos tiene una tendencia a generar dependencia por admiración o por miedo.

- Se siente cómodo con la dependencia de los demás hacia él. Por tanto, su escucha es muy instrumental, no es como la escucha del facilitador que es efectiva y considera al otro. El seductor escucha si el otro dice aquello que quiere escuchar, o escucha si es que le permite obtener aquello que quiere.

- Su reconocimiento es bajo, difuso y tiende a ser instrumental. Está orientado a mantener la relación de autoridad o de dominio solo para asegurar los resultados, que son su último objetivo.

Ítem	Polo seductor	Polo facilitador
1	Se siente al mando de su vida de forma individualista.	Se siente al mando de su vida y es responsable con los otros.
2	Le cuesta reconocer aquello que no hace bien.	Reconoce sus errores con facilidad y busca *feedback* continuo.
3	Evita asumir la responsabilidad de sus actos, su tendencia es la de culpar a terceros.	No culpa a terceros, no humilla y, cuando otro falla, busca las causas y el aprendizaje.
4	Flexibiliza las normas, no acepta cumplirlas porque sí, juega con ellas para utilizarlas.	Cumple las normas porque entiende que cuidan el bien de todos.
5	Más que un innovador es un buen copiador; imita y reproduce muy bien.	Logra ir más allá de las aportaciones de terceros, confía en su capacidad.
6	Difícilmente reconoce la autoría de las cosas que no son suyas.	Reconoce las aportaciones de los demás, por mínimas que sean.
7	Su liderazgo y presencia en grupos tiene una tendencia a generar dependencia por admiración o por miedo.	Busca ser uno más de su equipo, no genera distancia, admira a sus subalternos, no usa el poder para calmar su ego.
8	Necesita acumular poder y subordinar para asegurarse.	El poder es útil, no define su valor y permite que este fluya según las circunstancias.
9	Su escucha es muy instrumental, escucha lo que necesita escuchar para obtener aquello que quiere.	Escucha para acompañar al otro, para coordinar intereses, busca ser recíproco.
10	Su reconocimiento es bajo, difuso y tiende a ser instrumental.	Reconoce siempre a tiempo a los demás, entiende que esto fortalece las relaciones, disfruta al hacerlo.
11	Pide con fuerza y tiende a imponer sus términos siempre.	No pide más de lo necesario y cuida la capacidad de respuesta del otro.
12	Después de logrado el objetivo siempre quiere más, es insaciable. No considera al otro.	Alcanzar los objetivos le basta, dar lo mejor de sí, también.
13	Busca la perfección, siente que nunca la alcanza, tiene ideas y proyectos grandiosos.	Busca la felicidad en la relación con los demás; los objetivos vinculados a la tarea son instrumentales para vivir bien.
14	Ofrece poco, y cuando lo hace, es más para el logro de los objetivos que por la necesidad del otro.	Ofrece ayuda cuando es necesario para lograr los objetivos y, además, ofrece ayuda para cuidar que los demás estén bien, sin crear dependencia.
15	Cuando no tiene poder en la relación no pide nada al otro, sino que seduce para que no le puedan decir que no. Vive el "no" como rechazo, humillación o desenmascaramiento.	Cuando no tiene poder en la relación es capaz de seducir y pedir al mismo tiempo; no vive el "no" como humillación, rechazo o desenmascaramiento.
16	Los acuerdos los hace a su medida y normalmente de forma abierta e imprecisa, para así manejar tiempos y compromisos a su conveniencia.	Cuida que los acuerdos sean precisos y bajo condiciones recíprocas, tanto en cuidar los intereses como la viabilidad de su ejecución.

- El seductor pide cuando necesita y, a veces, impone. Va más allá de lo planteado porque es insaciable. Cuando se cumple, pide más y más sin consideración hacia el otro.
- Ofrece poco, y cuando lo hace, es más para el logro de los objetivos que por la necesidad del otro. Por tanto, hace bastantes peticiones encubiertas y ofrece desde la seducción para que no le puedan decir que no.
- Los acuerdos los hace a su medida y normalmente de forma abierta e imprecisa, para así manejar tiempos y compromisos a su conveniencia.

Conservador

En el conservador hacemos una distinción entre el normativo y restrictivo.

Conservador normativo (CN)
- Su estado emocional predominante es de temor e inseguridad. Es muy autoexigente y perfeccionista, necesita que todo vaya bien y que las cosas estén en orden para prevenir los posibles errores, ello le da una identidad segura. El desorden y los errores lo desarman y le generan angustia.
- Lo que más le preocupa es cumplir los objetivos que se propone y las tareas que le encomiendan, por eso "la tarea" emerge en sus vínculos con una importancia superior a la persona en sí misma.
- Cuando se relaciona con los demás, siempre habla de "tareas", "normativas", "procedimientos" y evita todo lo que tenga que ver con emoción y descontrol ya que busca certezas.
- El conservador normativo vela por la calidad de los procesos y poder mejorar las normas. Ve exactamente lo que

hacen los otros aunque no lo siente, sus relaciones son instrumentales. Hay cierta desconexión emocional con sus colaboradores y compañeros de trabajo.

- La innovación no es su fuerte. A la hora de compartir las tareas tiene la sensación de que si él no hace las cosas, no saldrán bien. Delega muy poco, por eso tiene un liderazgo muy controlador. Le gusta hacerse el imprescindible.

- Su capacidad para escuchar y reconocer a los demás es baja. Reconoce solo cuando aparecen resultados excepcionales, aunque siempre destaca lo que falta.

- A la hora de pedir es muy funcional, solo si es estrictamente necesario. Tiende a hacer él las cosas si puede, aunque esto le acarree más trabajo.

- Ofrece poco, y cuando lo hace no es para cuidar las necesidades del otro, sino para cuidar que se cumpla lo establecido. Sus ofrecimientos son claros y precisos. Los acuerdos que genera son explícitos y ordenados. Y cuando no se cumple exige reparación.

Conservador restrictivo (CR)

- El conservador restrictivo tiene espacios comunes con el conservador normativo. En cuanto al temor y la inseguridad es igual al CN. Pero estas emociones le generan rabia y resentimiento. Es un "conservador" perfecto; "esfuérzate", "no te equivoques", esos son sus mandatos. Todo lo que realiza es en función de la norma orientada al control.

- Para él, equilibrar las cosas es controlarlas. A la hora de establecer las responsabilidades siempre busca culpables, alguien que haya transgredido las reglas.

- Nunca cuestiona la norma. El CN puede cuestionar una norma para mejorarla. El CR es castrador, controlador, su objetivo es limitar.

Ítem	Polo restrictivo	Polo normativo
1	Teme perder el escaso mando que ha logrado sobre su vida, ejerce control extremo y odia perderlo.	Siente que tiene cierto control sobre su vida y teme perderlo, y entiende que esto lo limita.
2	Se culpa en demasía por sus errores en su fuero interno, se molesta, no aprende.	Reconoce su errores con facilidad y se orienta a mejorar sistemáticamente.
3	Cuando los otros fallan los culpa y no genera aprendizaje.	Cuando los otros fallan les hace reparar el daño causado de forma justa. Alecciona desde el deber ser.
4	Nunca flexibiliza las normas, las cumple sin preguntar. Odia que los demás no las cumplan. No puede mejorarlas.	Cumple las normas fielmente. Solo cambia la acción si antes cambia las normas.
5	No innova y teme el cambio; cuando las cosas van mal cree que solo es necesario esforzarse más.	No innova con facilidad, y si lo hace, pide ayuda a terceros considerados expertos, no se arriesga con su capacidad creativa.
6	No ve los logros, solo las fallas de todos.	Reconoce las aportaciones de los demás cuando hay resultados excepcionales.
7	Entiende el poder como control, necesita subordinar y subordinarse. Dificultad para hacer equipos.	El poder es control; subordina y se subordina, puede trabajar en equipo, pero necesita controlarlo todo.
8	Le cuesta celebrar, siente que hacer bien las cosas es su deber y fallar es su culpa.	Celebra solo cuando se sobrepasan los resultados con creces.
9	Escucha de forma instrumental para controlar, vigilar, descubrir y castigar.	Escucha para controlar y enseñar y aleccionar (como debe ser).
10	No tiene energía para acompañar a los demás en sus problemas.	Acompaña a los otros para cumplir con las normas de educación, para no ser mal visto.
11	Pide con fuerza y tiende a imponer sus términos siempre, no delega con libertad.	Pide funcionalmente de acuerdo a lo establecido por las reglas, lo demás lo hace solo, con altos costes personales.
12	Acuerda con claridad extrema, se ciñe totalmente a las normas.	Acuerda de forma explícita, ordenada y les da seguimiento de forma sistemática.
13	Exige el cumplimiento de los compromisos con rigidez. No renegocia. Rompe los vínculos con los que no cumplen.	Renegocia, pero le cuesta aceptarlo, va deteriorando las relaciones con aquellos que no cumplen; tolera pero no entrena a los otros.
14	No ofrece ayuda a sus subalternos.	Ofrece ayuda cuando es estrictamente necesario.
15	Cuando sus superiores o clientes le piden algo, ofrece lo mínimo que puede cumplir, o para reparar alguna falla.	Cuando le piden cosas sus superiores o clientes logra ofrecer para satisfacer, pero siempre teme fallar, no es audaz.

- Su liderazgo es autoritario y posee poca capacidad de innovación. Nunca ve los logros de sus colaboradores, pero sí lo que no hacen.
- Tiene dificultades para escuchar a los demás aunque le interesa mucho demostrar la dependencia técnica hacia él. Cuando reconoce, no lo hace explícitamente y tampoco entiende por qué tiene que reconocer a los otros, ya que lo que pide es una obligación aunque sea algo complejo y excepcional. Y en las escasas ocasiones en que reconoce, le hace ver al otro que falta algo, así que su reconocimiento resulta mezquino.
- En el momento de acordar y establecer responsabilidades es explícito y ordenado, pero como le cuesta reconocer la aportación de otros, es muy difícil que renegocie un acuerdo ya estipulado.
- Cuando hay incumplimientos, más que buscar una solución, persigue a los responsables que han causado el atraso. Aunque cuando el CR incumple un acuerdo, él sí siente que tiene el derecho de manejar tiempos a su conveniencia.

Controlador

En el controlador hacemos una distinción entre protector y evitativo.

Controlador protector (CP)
- Es amoroso, prudente, siempre establece una distancia y un tiempo porque es una de sus características, y es que teme el conflicto; en el fondo es «necesito que me necesiten», «Amo para obtener amor», está muy orientado a la persona y siempre buscando el afecto, el reconocimiento; la tarea no es un fin, sino que es un medio para mantener el vínculo.

- La relación aquí ocupa un lugar central, por lo que la responsabilidad siempre oscila según la conveniencia de mantener el vínculo en su rol de consejero (le gusta ser consejero); mantiene una distancia y un compromiso ambiguo para no entrar en conflicto, para que no haya confrontación.

- Considera las normas, no las niega, pero las adapta a la dinámica y a los procesos que se van generando en la relación con el otro. Otras veces, las normas están al servicio de crear dinámicas de conciliación. Considera las normas para no ser culpado de incumplirlas, pero al mismo tiempo las adapta para no generar tensión.

- Ve el mundo interior del otro, siempre está buscando esa emocionalidad, aunque a veces siente la inseguridad de no saber si puede o no aportar lo que el otro necesita.

- Es innovador, coopera con sus compañeros y escucha a los demás, pero no confronta.

- Su liderazgo está basado en el consenso. Su obsesión es mantener la armonía, aunque esta sea formal y llegue a ser falsa, porque mantener un equilibrio le asegura una presencia sin conflicto.

- Escucha intentando comprender la situación de sus colaboradores y compañeros. Está orientado a exaltar las fortalezas de quienes lo rodean. Tiene muchas precauciones en resaltar lo que falta por temor a que el otro se sienta descalificado. No quiere ofenderlo ni enfrentarse.

- Pide para los demás todo lo que sea necesario, pero tiene una gran dificultad a la hora de pedir para sí mismo.

- Ofrece de forma difusa ya que está a disposición de todo el mundo. Y es precavido en sus ofertas porque no quiere gestionar una posible negativa.

- Su manera de acordar es difusa ya que teme poner en peligro la relación de los otros. Comprende y tolera los incumplimientos. No exige reparación si es que hay un incumplimiento, pero sí busca la reparación del vínculo aunque haya incumplimiento en la tarea. Por tanto, todo está en función de ser una figura de protección y de protegerse del conflicto.

Controlador evitativo (CE)

- Su estado emocional predominante es el temor, de hecho, tiende a huir tanto de las situaciones como de las personas. Evita el encuentro con el otro.

- No juega para no perder, ni se expone a ser evaluado, siempre se las arregla para desaparecer cuando su seguridad se ve amenazada.

- Tiene un bajo nivel de responsabilidad respecto a las tareas que se le encomiendan. El control de su vida está manejado por el contexto, los otros y el entorno. Su único compromiso es huir de forma efectiva para no hacerse cargo de lo que genera.

- Cuando se equivoca, acepta rápidamente el castigo con indolencia.

- Cumple las normas y las utiliza para mantenerse en un lugar seguro, legitimarse y esconderse con facilidad. Puede llegar a conocer de forma profunda las normas y las utiliza para evitar "evitar" la presencia, evitar que lo vean, evitar la confrontación y evitar también todo lo que pueda ponerle en peligro.

- Tiene una baja orientación a los otros y no genera sinergia en los equipos. Si forzosamente tiene que hacer algo en equipo, busca siempre tareas simples y de poca exposición.

- Su liderazgo tiene pocas posibilidades, y en el caso de que deba liderar algo delega con mucha rapidez, sin medir, ni valorar al otro en sus capacidades. Lo importante es quitarse la tarea de encima.

- El CE evita escuchar, ya que escuchar más de la cuenta le puede poner en peligro, o hacerle cuestionar sus creencias, o cosas que le dan certeza, porque no quiere replantearse ni acciones ni procedimientos que le impliquen mayor esfuerzo.

- Evita ser reconocido y evita también reconocer. No pide ni para él ni para otros, tampoco ofrece.

- En los acuerdos, siempre acepta lo que se le impone. Sin un compromiso real, igualmente actuará en consecuencia con lo acordado, haciéndolo –eso sí– con el mínimo esfuerzo. Pero también preocupado para no ser infravalorado. Le gusta mantenerse en el medio, y si puede ser invisible, mejor.

Polo evitativo	Polo protector
Ejerce el control del mundo y su vida por medio del no control, huye y evita la relación en la medida de lo posible.	Ejerce el control y obtiene el poder por medio del afecto de los otros. Evita el conflicto, siente que pierde poder.
Evita la culpa y, cuando no puede, acepta con indolencia el castigo, no aprende.	Se responsabiliza si recupera el vínculo, pero no lo hace si lo pierde
Pone fuera de sí la responsabilidad de sus actos y de los suyos si es que llega a tenerlos.	Se responsabiliza y hace responsables a los demás siempre que sirva para enseñar y aprender.
Nunca flexibiliza las normas, las cumple sin preguntar. Odia que los demás no las cumplan. No puede mejorarlas.	Considera las normas, pero las adapta a la dinámica del proceso. Es flexible para cuidar los vínculos.
No innova, hace lo justo, evita estar en la situación de exigencia de creatividad.	Es un gran innovador si está en un ambiente de confianza.
Paga costes altos por sus errores, no repara, acepta consecuencias.	Paga costes altos por sus errores, pero solo en la relación con la gente no en la tarea.
Entiende el poder peligroso y evita poseerlo o vivirlo. Si no tiene opción, se somete, pero no genera aportaciones.	Entiende el poder como afecto positivo entre la gente.
Evitar reconocer a otros y ser reconocido.	Es bueno reconociendo lo bueno de los demás, le cuesta criticar si no hay un vínculo de maestro-aprendiz.
Escucha hasta que lo que escucha pone en riesgo sus objetivos, creencias, etc.	Escucha a los demás con atención, ve al otro y actúa en consecuencia.
No tiene energía para acompañar a los demás en sus problemas.	Acompaña a los otros para cuidarlos y cuidar el vínculo.
No pide ni para sí ni para los demás, huye de ese tipo de situaciones.	Pide para los demás, le cuesta pedir para el.
Acepta lo que se le impone sin compromiso real, hará lo justo.	Acuerda de forma clara, pero promete más de lo que puede cumplir.
No exige el cumplimiento de compromisos, los deja pasar y espera que se cumplan solos. Renegocia con total facilidad, así desplaza la acción.	No renegocia con facilidad y le cuesta exigir reparación por el incumplimiento de terceros.
No ofrece ayuda sus subalternos.	Ofrece ayuda de forma difusa, se pone a disposición, pero no es claro.
Cuando sus superiores o clientes le piden algo, ofrece lo mínimo que le ponga en riesgo de exponerse.	Cuando le piden cosas sus superiores o clientes presenta gran disposición, pero no llega a sorprender a los demás.

8. ¿Cómo liberarnos de nuestras conversaciones pendientes?

Las conversaciones pendientes se provocan cuando el flujo que une a dos personas o a distintos departamentos de una organización se rompe y es necesario juntarlos para recuperar todas las posibilidades que ese vínculo nos puede aportar.

Las conversaciones pendientes generan la sensación de estar desaprovechando alguna oportunidad. Nos producen conductas de evitación con la persona o la situación que nos irrita y tenemos el convencimiento de que hay algo que es importante resolver.

«Siento malestar, estoy inquieto, tengo la necesidad de afrontar una conversación que está pendiente y debo hacerlo. Tengo la sensación de que puedo perder algo que no quiero perder, estoy evitando un encuentro, porque para mí es necesario restablecer la relación...»

Una sola conversación pendiente en una familia, en una organización altera todas las relaciones de sus componentes.

Una conversación pendiente entre dos hermanos, por dinero o por la sensación de ser más o menos queridos por sus padres, genera una gran inestabilidad en la familia. Todos sus miembros están involucrados e intentan restaurar la relación, intermediando o posicionándose en un bando, culpabilizando y desculpabilizando a los implicados. El sistema familiar en su conjunto se va alterando progresivamente, incubando una sensación de debilidad, desesperanza, por no poder resolver la situación, y consolidando el desencuentro.

Si queremos mantener la estabilidad en nuestras redes, hay que cuidarlas, afrontando con rapidez y calidez los desencuentros y malentendidos, para así facilitar que vuelvan a fluir las relaciones de manera saludable.

Las conversaciones pendientes tienen su origen en expectativas no expresadas, en esperar de los otros una respuesta, pero que muchas veces nosotros no hemos concretado en una demanda; entonces, para el otro esas expectativas las siente como invisibles, como si fueran "secretas y ocultas".

Las expectativas hay que explicitarlas de forma ordenada y comprensible para que el otro las pueda cumplir o satisfacer porque, al no hacerlo, se incumplen las expectativas y aparecen la reclamación y la exigencia.

El tiempo no repara desencuentros solo los agranda. Mantener una conversación pendiente en una familia o en una empresa muestra nuestra incapacidad de regenerar una relación y de afrontar situaciones que afectan a todos.

En las organizaciones y empresas hay muchos desencuentros entre departamentos, y estas dificultades tienen sus efectos en la cuenta de resultados.

Una relación debilitada o rota requiere de una conversación para reparar el vínculo con el otro, omitir esta responsabilidad imposibilita tener relaciones saludables y poderosas.

La dificultad de afrontar una conversación pendiente se clarifica si contactamos con la emoción que ella nos genera.

Queríamos ser tratados y reconocidos de otra manera y, con la vivencia de ser negado, activamos una reacción de ataque, rabia o resentimiento. Es esa reacción emocional la que nos bloquea, y por eso la evitamos y mantenemos en suspenso el vínculo con el otro; y de alguna manera con esta actitud lo expulsamos de nuestra red.

También hay conversaciones pendientes que heredamos, que han estado presentes desde hace muchos años o generaciones. Son conversaciones entre miembros de una misma familia que se han traspasado de padres a hijos, y los nietos no se hablan con sus primos, pero ya no saben qué razón hay para negarse la palabra, y esto ya es constituyente de la realidad familiar.

Una tarde en un parque infantil había dos niños de nueve años jugando, una de las cuidadoras que estaba con ellos les explica que son primos. Al llegar a casa, uno de los pequeños le relata a sus padres lo que le ha pasado, y ellos le confirman que realmente son primos, pero que las familias respectivas no tienen ninguna relación. El niño pregunta a sus padres «por qué, qué ha pasado», y los padres ya no saben lo que pasó porque han heredado la conversación pendiente; los padres le explican que según les han contado los bisabuelos se pelearon por tierras o por no haber cuidado a un miembro de la familia, pero que realmente ellos no tienen ningún inconveniente en encontrarse con los otros padres y que no tienen ningún reparo en que los niños se puedan reconocer como primos. Este sería un ejemplo de cómo las conversaciones pendientes se pueden heredar y condicionan la relación y el encuentro entre miembros de una misma familia.

Hay resentimiento por las sensaciones de poco reconocimiento recibido por amigos o compañeros de trabajo, por expectativas que no se cumplen; en definitiva, por no haber sabido cuidar lo suficiente la relación con el otro, escuchándolo, aceptando que su visión de las situaciones puede ser distinta a la nuestra y que sus necesidades pueden responder a maneras de valorar distintas.

En muchas reuniones, en entornos profesionales, se producen situaciones donde cada uno de los presentes espera que los otros reaccionen de una forma determinada delante de una propuesta.

No siempre ocurre así. Como no se cumplen las expectativas de apoyo de alguien, se genera malestar, rabia e incomprensión que son la semilla del desencuentro. Si esta situación no se comenta y contrasta con las personas, se va ampliando el malestar y abriendo un espacio que puede concluir en una ruptura. El inicio ha sido un pequeño desacuerdo, en medio ha habido la incapacidad de hablarlo, con un resultado final: la desconfianza mutua, el resentimiento y la ruptura. La manera de reparar este conflicto es mediante conversaciones que posibiliten la comprensión de lo que ha pasado, ajustar las expectativas y facilitar el encuentro.

Somos seres de repetición, y las conversaciones pendientes son una de sus manifestaciones.

Hacemos una distinción en las conversaciones pendientes entre conversaciones de fortalecimiento y conversaciones de restablecimiento de vínculos: las dos son el fruto de la falta de atención y reconocimiento.

Conversaciones para fortalecer vínculos

Es una conversación que aparece como necesaria por la falta de atención, cuidado y dedicación en la relación, y que ha debilitado sutil y progresivamente el vínculo con una persona.

Sentimos que hay algo que es necesario aclarar, compartir y que lo hemos dejado de lado sin saber muy bien por qué. No hemos roto la relación, pero hemos dejado que se deteriore por nuestra incapacidad de conectarnos con lo que sentimos y entender que es más importante cuidar este vínculo.

La conversación para fortalecer vínculos nos permitirá recuperar, desarrollar intereses y necesidades comunes, compartir y coordinar acciones, para así incrementar nuestra eficiencia relacional.

«Últimamente no puedo ni verte, desde que eres jefe siempre estás viajando, nunca tienes tiempo para atenderme y llega un momento en que ya no sé si vale la pena hablar contigo y despachar asuntos que para mí son importante. No solamente soy yo, sino que todo el equipo se siente un poco abandonado y sin saber muy bien hacia dónde va, creo que es importante que reconsideres esta situación porque se está debilitando la confianza que teníamos en el proyecto y en ti. Creo que aún estamos a tiempo, pero tienes que convocarnos, explicarnos hacia dónde vamos, delegar responsabilidades para que tú tengas tiempo de volver a las reuniones semanales donde compartíamos visiones y acordábamos acciones, donde todos nos sentíamos parte de un proyecto común.»

«Ya no sé con quién estás casada, si con la empresa o conmigo. Llegas muy tarde, cansada y sin tiempo para compartir. Siento que nos tenemos que plantear el cuidarnos mutuamente, el darnos más tiempo para nosotros y no confundirnos de lo que realmente es importante, sino nuestra relación no va hacia ningún lado.»

Conversaciones para restaurar vínculos

Es una conversación generada por expectativas no cumplidas, conflictos no resueltos o abandonados, que terminaron provocando un desencuentro que llevó a una ruptura en la relación.

Esta conversación tiene la finalidad de reconstruir y reparar una relación que, de momento, está rota y liberar las tensiones que impiden el vínculo.

«No quiero saber nada más ni con mi hermano ni con mi familia. Me han echado, no han confiado en mí, desde la infancia me he estado preparando para llevar la empresa y ahora me expulsan sin motivos entendibles. Siento que me han traicionado, y esto será realmente difícil de perdonar. Necesito tiempo. Ya no podré hablar sinceramente con mi familia, hasta que no pueda comprender lo que ha pasado y recuperar mi autoestima, porque realmente me han hecho creer que soy incapaz, aunque mi desempeño profesional lo contradice. Yo no quiero perder a mi familia, ni a mi padre ni a mi madre ni a mis hermanos, porque soy parte de ellos, pero no puedo ahora, aunque algún día tendré que hablarlo.»

«Nunca me he sentido querida por mis padres, ahora empiezo a comprender que ellos hicieron todo lo que pudieron y creyeron que era bueno para mí, pero yo siempre sentí que era insuficiente; hasta ahora la rabia me invadía, impidiendo poder preguntar, comprender el porqué de todo ello. En este momento, al tener hijos he comprendido que no siempre lo que das es recibido como lo que el otro necesita; ni tu intención al darlo es recibido como tú quieres; vivir esto con mis hijos me ha hecho comprender mi relación con mis padres. Ahora ya estoy preparada para poder conversarlo con ellos y restablecer un vínculo que para mí es necesario, saludable y reparador.»

Preguntas y respuestas para liberar una conversación pendiente

Para poder liberar una conversación pendiente nos puede ayudar contestarnos a todo un conjunto de preguntas que pueden ordenar las emociones, la disponibilidad, los argumentos y la acción, y así crear condiciones para poder realizarla.

¿Por qué se originó y con qué persona tengo pendiente la conversación?
«Yo esperaba que me llamara, y con ello llevo un mes, y no pasa nada. No entiendo lo que he hecho, le he mandado cuatro *emails*, varias llamadas y no hay respuesta.»

Podemos identificar sin dificultad con quién tenemos pendiente una conversación, pero lo que nos permite avanzar hacia una conversación liberadora es ordenar las causas que la han generado.

En ocasiones no sabemos muy bien el porqué, la sola presencia de esta persona nos provoca distanciamiento y agresividad, no nos gusta su forma de mirarnos, de pedirnos las cosas, de cómo nos escucha. Esta actitud nos recuerda a nuestro hermano o madre, o a un antiguo jefe que nos imponía, a un amigo que nos trató con soberbia y nos produce una sensación instantánea de rechazo.

Son personas que nos tensionan por su manera de ser y hacer, que nos evocan a alguien del pasado y vivencias de nuestra propia historia que en su momento nos generaron malestar, rabia y tristeza.

La mayoría de las veces, las expectativas no cumplidas son la causa que origina una conversación pendiente. Esperamos de la otra persona que sienta, piense y actúe de una forma determinada, pero nosotros no explicitamos lo que deseamos que ocurra. Esperamos y esperamos que nos respondan como deseamos y, al no hacerlo, nos sentimos desconsiderados y reclamamos desde el enojo, la sensación de rechazo, y lo hacemos distanciándonos, disminuyendo la presencia e iniciando una conversación pendiente.

¿Qué emociones y pensamientos me han impedido afrontar la conversación pendiente hasta ahora?
«Estoy furioso, no creo que me lo merezca, yo ya he dado todos los pasos que debía y no voy a hacer más, a pesar de que me produce malestar y siento que estamos poniendo en dificultad una relación que es necesaria para conseguir cosas que son importantes para los dos.»

Cuando evocamos a la persona y situación relacionada con la conversación pendiente nos invaden emociones y pensamientos que normalmente están al servicio de aplazar su resolución y desmerecer su importancia.

Las emociones de tristeza aparecen cuando su origen es lejano y con una persona querida. Por ejemplo, un hermano por un motivo de herencia; un amigo por un malentendido absurdo, o unas expectativas no cumplidas con algún miembro de la familia.

Aparece la rabia cuando el origen es reciente y fruto de una vivencia de traición; el resentimiento lo acompaña e impide afrontar la conversación con el otro. El sentimiento de ser víctima y ser maltratado por el otro se asienta.

La negación es un pensamiento recurrente: «a mí me da igual, yo no tengo ninguna conversación pendiente. Es el otro quien la tiene conmigo». El control de la emoción es una protección usual para no tenerse que plantear qué parte de mí está provocando que el encuentro con el otro sea dificultoso.

Hacer conscientes pensamientos y emociones que me han impedido realizar la conversación es un paso imprescindible para poder abrir la posibilidad de liberarme de ella.

¿Qué quiero conservar y puede estar en peligro en mi relación con la persona con quien tengo una conversación pendiente?
«Es una persona necesaria para obtener mis retos y quiero conservar esta relación, primero, porque me permite llegar donde quiero, y, segundo, porque la relación me satisface personalmente y ahora siento que todo esto está en peligro.»

Esta es una cuestión básica antes de encarar una conversación: reconocer que quiero o que necesito conservar mi relación con el otro y que, al ponerlo en peligro, estoy dificultando mis propios retos profesionales o vitales. Para qué es necesaria mantener la relación con el otro, qué obtengo de ella y qué puede necesitar el otro de mí para valorar que nuestro vínculo es útil y beneficioso. Decidir lo que se quiere conservar es ponerse en movimiento de cara al encuentro.

¿Cuáles serán mis tres argumentos centrales en la conversación pendiente para facilitarla?
«Entiendo que para conversar, primero, tengo que pedírselo y asumir que yo quiero también conversar. A lo mejor el otro no tiene la misma necesidad, pero quiero dejar claro que yo sí la tengo. Quiero decirle que acepto su silencio, pero que no lo entiendo, estoy seguro de que debe tener algunas razones que yo no conozco y que al poderlas compartir, podemos entender mutuamente lo que ha originado que nuestra relación se haya roto. Estoy dispuesto a reparar el daño si existiese, aunque nunca ha habido voluntad de ello. Estoy dispuesto a incorporar maneras de ser que nos permitan volver a tener una relación que disfrutábamos.»

Ordenar el discurso construido desde la voluntad de encuentro y reconstrucción, no desde la venganza y el resentimiento. El hacer explícitos los argumentos que vamos a utilizar nos puede ayudar a no caer en reclamaciones de lo que se hizo o no se hizo, ya que ello podría bloquear la conversación.

¿Qué emoción tengo que mantener para no boicotear la conversación?
«Tengo que cuidar mi respuesta si su respuesta es agresiva y me ataca, porque puedo responder recriminando, lo que boicotearía la conversación, y restablecer el vínculo. Pase lo que pase debo tener presente que me interesa conservar nuestra relación y que debo anticipar su posible reacción y no engancharme a ella. Tengo un único objetivo, recuperar la relación porque a mí me satisface y es útil para los dos; no poderlo hacer pondría en cuestión mi capacidad de resolver conflictos con quienes valoro.»

Visualizar la conversación y anticiparse a posibles respuestas que imaginamos puede generar una respuesta agresiva, que podría poner en peligro la continuidad de la conversación y el encuentro deseado. Hay que conversar aceptando que el otro puede reaccionar de forma inadecuada ya que no ha tenido la oportunidad de preparar la conversación.

Prescindiendo del desarrollo o consecuencias de la conversación, ¿qué será distinto para mí a partir de ese momento?

«La imagen de volver a compartir juntos discusiones, tiempos, retos, risas, disfrute, aprendizajes mutuos es una imagen que quiero que se convierta en una realidad y no la quiero perder de vista en todo el proceso para restablecer el vínculo.»

Visualizar lo que será distinto y los beneficios que podemos obtener nos sirve de guía para evitar boicotear la conversación, y así liberarnos del lastre que no hacerlo conlleva.

9. ¿Cómo puedo construir relaciones poderosas?

Decálogo para desbloquear relaciones

Vamos a exponer algunas consideraciones para desbloquear una situación que nos impide tener relaciones saludables y poderosas. Hemos visto que tenemos fortalezas, vulnerabilidades y la posibilidad de tener un "algo" recorrido para mejorar nuestra manera de relacionarnos. Entre cada uno de estos actos de relación (pedir, ofrecer, acordar, escuchar y reconocer), nos encontramos con dificultades que hemos vivido alguna vez y que también repetimos siempre que afrontamos un problema con otra persona.

Vamos a exponer algunas consideraciones para desbloquear una situación que nos impide tener relaciones saludables y poderosas con nuestros padres, un amigo, un compañero de trabajo, el jefe, la pareja o el hijo.

Narrar lo que nos pasa

Explicar aquello que nos hace sufrir, construir un relato sobre lo que nos dificulta estar con los otros y con nosotros mismos. Contrastaremos esa narración con personas de valor para que nos digan que juicios y prejuicios están presentes, cuántos dictámenes hemos hecho ya como verdaderos. Cuánto hay de nuestra manera de ser para abordar esas situaciones que hemos repetido anteriormente.

Ser conscientes de que nuestras narraciones tienen algo de verídico y algo de imaginario. Para nosotros son verdaderas, pero al volver a ellas podemos encontrar el "no puedo", "no hay solución", y evidentemente estas frases nos están indicando que la solución será difícil. Si un padre dice: «con mi hijo no me puedo relacionar porque no me quiere escuchar. Para él he desaparecido, no soy importante. Todo el mundo se entera por su Facebook de lo que le pasa menos yo (que no me tiene incluido). Me odia y no quiere saber nada de mí». Con esa narración es imposible reconstruir un vínculo saludable con el hijo.

Cuando nosotros decimos que nuestro jefe nos da miedo, y que cada vez que nos llama temblamos de arriba abajo, no sabemos muy bien por qué, es simpático y amable aunque muy exigente; no podemos relacionarnos con él ya que nos colapsamos.

En nuestras narraciones afirmamos absolutos y dictaminamos una imposibilidad que se manifiesta en un bloqueo. En nuestra narración no cabe esperanza de que podamos hacer algo.

El primer paso es explicar qué juicios puede haber ya como inamovibles y si repetimos conductas de situaciones anteriores.

Escuchar nuestro diálogo interior

El segundo paso es escucharnos a nosotros mismos sobre la posibilidad o imposibilidad de solucionar el problema. ¿Qué decimos de nuestro hijo, de nuestro jefe y, sobre todo, de nosotros mismos? ¿Qué voces aparecen?: ¿La del miedo?, ¿la incapacidad?, ¿la imposibilidad?, ¿la protección?, ¿la soledad, ¿la responsabilidad?, ¿la de la humildad, ¿el desasosiego?, ¿la humillación?, ¿la del dominio?

Por ejemplo: «Siempre es así, todo el mundo me deja», «yo, la verdad, entiendo que elijan a otra persona porque soy incapaz», «Merezco que me abandonen porque no estoy a la altura». Esas voces que aparecen disminuyen nuestra capacidad de acción y reacción; condicionan y refuerzan nuestra creencia sobre la incapacidad para desbloquear el problema.

Identificar la emoción dominante

¿Qué emoción nos domina en una situación de bloqueo?: ¿La rabia?, ¿la tristeza?, ¿es el miedo?, ¿la culpa? ¿Qué nos produce en el cuerpo?, ¿nos ahogamos?, ¿nos mareamos?, ¿tenemos una sensación de calor o frío?, ¿un malestar que está en el estómago?, ¿nos quedamos afónicos?

En este paso hay que darse cuenta de cuál es la emoción dominante, cómo se manifiesta y en qué momento.

Ordenar como actuamos

El cuarto paso es ordenar cómo actuamos en una situación determinada de bloqueo: ¿Cómo pides las cosas?, a lo mejor no lo haces porque no te sientes con el derecho. A lo mejor las exigís, a lo mejor obedecéis. ¿Ofreces algo?, ¿cómo ofreces?; o estás siempre a disposición, ¿ofreces de una forma clara, precisa, directa o estás en un ruego, en una sumisión? .

Cuando llevas a cabo un acuerdo sobre trabajos que hay que realizar con tu jefe, o de cómo regular tu presencia en la casa con tu pareja, ¿cómo reaccionas cuando alguien de las partes incumple, cómo te sientes, cómo reconoces al otro, cómo escuchas la situación? De hecho, las acciones son el reflejo de todo lo anterior, son el reflejo de lo que decimos que pasa, de lo que decimos que nos pasa, de nuestra emoción y de nuestras corporalidades o energía vital, así actuamos.

¿Qué está en peligro?

Ver en esta situación de bloqueo qué está en peligro, qué podemos perder y no queremos, qué puede pasar si no hacemos nada, qué puedo no conseguir de lo que quiero conseguir, y qué puedo perder de aquello que quiero conservar respecto a mi trabajo, a mi familia, respecto a mis hijos, respecto a mi futuro, qué consecuencias podría tener no hacer nada.

Desbloqueo: ¿Qué quiero conservar?

Iniciaremos el proceso de desbloqueo haciéndonos la siguiente pregunta: ¿Qué quiero y qué deseo conservar de mi relación con mi hijo? ¿Qué quiero y qué deseo conservar de mi relación con mi jefe y mi trabajo?, ¿qué quiero y deseo preservar de mi relación con mi esposa o mi marido?, ¿cuál es la prioridad vital en este momento de mi existencia que no quiero poner en peligro? Esta es la última pregunta que hemos hecho para ver la situación del bloqueo y la primera para iniciar el desbloqueo.

Es el punto bisagra, es separarnos un poco de la emocionalidad, y preguntarnos: ¿Qué sentido tiene todo esto? ¿Y qué quiero preservar?: que mi hijo me siga queriendo y que mi hijo me vea y me reconozca como padre o madre. Quiero preservar el trabajo porque quiero y necesito el dinero para poder vivir en la casa donde vivo y llevar a mis hijos a un buen colegio.

¿Qué siento al haber decidido conservar?

Al verbalizar lo que queremos conservar, creamos una imagen como si ya lo hubiéramos conseguido. Es un "como si" hubiera pasado, lo hemos descrito y proyectado en nuestra mente, y al hacerlo, definimos donde queremos llegar y foco en lo que hacemos.

Al expresar lo que queremos conservar, recuperamos aquello que nos da sentido y al decirlo y sentirlo, nos genera emociones de tranquilidad, alegría y satisfacción y abre posibilidades para la acción.

¿Cómo explico estas voces de oportunidad?

La narración de lo que nos sucede ahora es distinta, ya no hay verbos de bloqueo, ni juicios que nos limitan. Aparece una narración comprensiva en la que nuestros problemas y limitaciones no impiden que podamos luchar para conseguir lo que queremos. El hecho de vivir es un proceso y, por tanto, en él tenemos que ir fluyendo, con las polaridades de bondad y maldad, amor y desapego, encuentro y desencuentro, pues justamente ese es el estado natural de las cosas. Ahora sabemos lo que queremos conservar y el sentido que tiene para nosotros.

Actúo distinto

Vislumbramos una oportunidad, actuamos desde las fortalezas; la narración sobre lo que nos sucede cambia completamente. Y entonces, de una forma natural, se modifica completamente lo que hacemos, ya no nos sentimos tristes ni lloramos en la habitación solos cuando nuestro hijo no nos habla, ya no le recriminamos su actitud, sino que lo abrazamos. Ya no tenemos miedo a nuestro jefe, sino que podemos ponerle límites, renegociamos los acuerdos, entendemos también que él está presionado.

Se está modificando completamente nuestra escucha y reconocimiento de la situación. Nuestra manera de hacer las cosas se va transformando, y esto genera resultados sobre lo que los otros también hacen y sobre lo que los otros dicen, porque nuestro cambio altera todo el sistema, sea familiar, profesional o social. Cuando

nosotros iniciamos el desbloqueo todo se modifica. Tiene consecuencias en el otro porque muchas veces nuestro marido, nuestra
esposa, nuestro jefe, nuestro hijo se han acostumbrado a tratarnos
de cierta manera, y ahora todo es distinto.

Adaptación a la nueva situación:
¿Qué dicen los otros después de mi cambio?

En el fondo, cada uno de nosotros tiene un papel. Y cuando modi-
ficamos este papel hemos comprendido el sentido, hemos visto
que la emoción se modifica y que es una emoción facilitadora.
Nuestros diálogos internos son más poderosos y nos van signifi-
cando de autoridad para actuar. Cuando narramos, las cosas son
distintas. Ya no es una narración desde el bloqueo, desde la tristeza o desde la desesperación, sino que es un bloqueo desde la posibilidad, desde la comprensión, desde la compasión. Nuestras acciones cambian, y con ello nosotros somos distintos, ocupamos
otro lugar en el sistema y, entonces, todo el mundo tiene que reco-
locarse, porque a ellos también les afecta que nosotros nos mo-
vamos.

Esa es la dinámica del proceso que debemos ir observando, lo
que los otros hacen o dicen después de lo que hemos hecho. Y este
proceso final es una danza en la que hemos desbloqueado la situación. Y al mismo tiempo, los otros que están acompañándonos
deben ir readaptándose y tenemos que mantenernos sigilosos en
cuanto al hecho de estar fluyendo para no volver a aquello, darle
tiempo a los demás para que se resitúen. Es un proceso permanen-
te, constante, dinámico.

La adaptación no deja de ser una gran danza donde el eje central es escuchar y reconocer al otro, encontrando el sentido de
cada acción, con la emoción que esto produce en los demás y en
nosotros mismos.

Preguntas y respuestas para construir relaciones poderosas

A continuación te proponemos una serie de preguntas que nos van ayudar a comenzar este camino de desarrollo junto a los que más valoramos.

Cada uno con sus repuestas va a generar una posibilidad de acciones que nos permitirán construir relaciones poderosas y facilitar a otros el que se puedan relacionar desde el amor y el re-conocimiento, desde la diversidad y la inclusión.

¿En qué soy bueno?

Desde nuestra infancia buscamos ser reconocidos, primero por nuestros padres, posteriormente, por nuestros amigos, la pareja y los compañeros de trabajo. Vamos progresivamente adaptando nuestra forma de relación para que los otros nos vean y consideren.

Pero con el paso del tiempo constatamos que este es un objetivo difícil de alcanzar, ya que siempre nos parece que falta algo. Se nos exige cada vez más adaptarnos a lo que el otro requiere, por eso caemos en una dinámica frustrante: intentamos complacer al otro, y sentimos que nunca lo conseguimos del todo. En esta lógica, la demanda es infinita y nuestras capacidades siempre son limitadas.

Conforme se repite esta sensación llegamos a sentir que somos incapaces de establecer relaciones saludables y poderosas. Cuando en nuestro diálogo interior aparecen los "no puedo", "no sé", "me falta algo", bloqueamos y debilitamos nuestras relaciones.

Aceptar nuestra vulnerabilidad e imperfección es el paso necesario para librarnos del "sé perfecto" y quedarnos en el "sé y haz".

Al reflexionar sobre nuestras fortalezas y vulnerabilidades –lo que tengo y lo que me falta, lo completo y lo incompleto, lo que fluye y lo que tensiona–, podré entender que esta dualidad es el motor de nuestra existencia, y que su oscilación es la que nos hace avanzar. Es esencial saber reconocer las dos partes; negar una de ellas distorsiona la realidad, puede hacernos verdugos o víctimas de los otros o de aquellas situaciones que nosotros mismos generamos. Conociendo los dos polos estaremos preparados para actuar desde nuestras fortalezas, desde lo que hacemos bien y se tiene en cuenta de nosotros.

Las relaciones poderosas las podemos ir articulando desde dos ejes:

- Reconocer y reconocernos por nuestra capacidad de hacer y construir.
- Complementarnos con los otros en nuestras fortalezas y vulnerabilidades.

Reconocer nuestra capacidad de hacer y construir es reconocernos a partir de nuestras fortalezas, y desde ellas abordar lo que nos puede faltar. Es más fácil crecer desde el lugar en que me reconozco poderoso, desde la reafirmación de mi experiencia, de mis aprendizajes vitales, de lo que sé hacer y de mi capacidad de construir.

Convivir con nuestra fortaleza y vulnerabilidad desde la aceptación de los dos polos permite construir relaciones poderosas por medio de la complementariedad, la gratitud y el convencimiento de que juntos podemos crear.

Nuestra vulnerabilidad será vivida como lo que nos permite avanzar y mejorar, no como la expresión de lo incompleto, ya que somos seres que nos vamos adaptando a nuestras necesidades y a las necesidades de los otros, seres que en cada momento somos incompletos en algo y para alguien.

Identificar lo que me da sentido

¿Cómo disfruto y en qué momentos me he sentido feliz? Evocar los momentos en que experimentamos satisfacción por lo que hacíamos es un acto de reafirmación de que podemos ser nosotros mismos, y de que además somos capaces de construir lo que deseamos junto a otros seres humanos; es cuando nuestra presencia tiene sentido, en nuestro ser y en nuestro hacer, en lo que hacemos, en lo que sentimos y en el para qué de todo ello. Es decir, llegamos a ser conscientes de que al utilizar todos los aprendizajes de nuestras experiencias vitales positivas podemos concluir que podemos relacionarnos con otras personas y disfrutar de aquel vínculo constructivo.

Las respuestas a ¿para qué estamos haciendo lo que hacemos y qué me hace disfrutar? serán una guía para poder recuperar y replicar momentos y acciones que me permitirán vivir plenamente.

Para construir relaciones poderosas hay que hacerlo desde el poder personal, desde las capacidades que nos dan seguridad y nos confirman que somos seres libres y con el derecho de disfrutar y hacer felices a los otros.

El objetivo es repetir las condiciones que hicieron que ocurriese ese momento pleno, con sentido.

¿Cómo me relaciono con las personas que más valoro?

Convivimos en redes de relación, familia, amigos, trabajo y, en ellas, compartimos con personas en la que confiamos, con las que sentimos una cercanía confortable, que nos reafirman en lo que destacamos y en lo que podemos mejorar, y su presencia nos hace creíbles y nosotros les damos el poder de la credibilidad.

Las personas de valor son las que nos reconocen, las que nos refuerzan o tensionan lo que hacemos, las que para nosotros son creíbles. Con nuestras personas de valor experimentamos aquello que podemos mejorar en nuestra manera de relacionarnos.

¿Cuáles son mis personas de valor? Debemos visualizar nuestra red de personas de valor, comunicarles lo importante que son para nosotros e incorporarlos como maestros-amigos que nos indican cómo ir ajustando nuestra manera de relacionarnos con las situaciones y personas.

Para construir las bases de mi plan de mejora relacional, será fundamental pedir a las personas de valor que me muestren cómo me ven, cuáles son mis fortalezas al vincularme con ellos, todo aquello que me abra posibilidades para vivir y trabajar mejor. También es necesario que me muestren los desafíos de mejora que debo trabajar. Al recoger todas estas valiosas opiniones y sugerencias puedo preguntarme cómo y qué debo hacer.

Después de identificadas nuestras fortalezas y desafíos de mejora relacional con las personas que más valoramos, debemos plantearnos las siguientes preguntas:

- ¿Qué efectos genero en los otros con mi manera de relacionarme?
- ¿Qué opiniones de los otros tienen sentido para mí?
- ¿Cuáles me sorprenden, ya que son invisibles para mí, y no me veo reflejado en ellas?
- ¿Cuáles de estos efectos me abren y me cierran posibilidades?
- Cuando recibo las percepciones de los otros, ¿qué elementos me inmovilizan e identifico como las montañas más altas para subir o, más aún, las identifico como los errores de siempre que se han perpetrado en mi conducta?
- ¿Logro definir o identificar en qué soy fuerte según los otros? ¿Coincide con lo que yo creo? ¿Logro reunir desde allí un cúmulo de fortalezas básicas para cultivar mi crecimiento?

Responder a estas preguntas es un trance difícil, pero es saludable y necesario, y seguro que recogerá el cariño y la preocupación de todos aquellos con quienes tenemos un vínculo de confianza. A partir de esta primera valoración podremos generar, reproducir una primera versión de nuestro plan de mejora.

¿Cómo ampliar mi capacidad de relacionarme con las personas y situaciones?

Una vez que sabemos cómo nos ven las personas de valor y con la información que nos han dado, para nosotros creíble, llevaremos a cabo acciones que mejorarán nuestra capacidad de relación con las personas y las distintas situaciones.

A continuación veremos un ejemplo de un plan de mejora en un entorno profesional: la persona ha ordenado todo lo que sus personas de valor le dijeron sobre su manera de pedir, ofrecer, acordar, escuchar y reconocer y se ha preguntado qué puede hacer para mejorar, describiendo acciones que le permitan ampliar su capacidad de relación y fortalecer los vínculos con su equipo de colaboradores.

Para ampliar nuestra capacidad de relación tenemos que empezar introduciendo acciones simples con personas cercanas, personas de valor que nos permitan experimentar una nueva forma de hacer; es importante hacerlo desde el espacio relacional (cara a cara, en grupo, en un espacio formal o informal...) en el que uno se sienta más seguro, para, posteriormente, ir ampliándolo a las personas , situaciones y espacios de relación en los que uno tiene más dificultad.

De la fortaleza a la vulnerabilidad, de la fortaleza a la debilidad, del espacio seguro al espacio inquietante, vamos recorriendo este camino en el que ampliamos nuestras capacidades para poder estar y hacer con personas distintas y espacios desconocidos, ampliando nuestra libertad de acción.

Actos	¿Cómo lo hago?	¿Qué puedo hacer para mejorar?	Acciones de mejora
Pedir	Con claridad y determinación. Mi tono enérgico para pedir puede ser entendido como una imposición, bloqueando en el otro la posibilidad de negarse.	Seguir siendo concreto, entendible, exigiendo una respuesta oportuna. Sintonizar con las emociones de los otros al pedir las cosas y evitar el bloqueo.	Entrevistaré a mis colaboradores para identificar a las personas y momentos en que los apabullo con mis pedidos. Indagaré siempre en las posibles limitaciones que el otro tiene para cumplir.
Ofrecer	Me falta ser más concreto al ofrecer. Cuando ofrezco es vivido por los demás como una lógica de intercambio. Ofrezco si me ofrecen.	Especificar con claridad mis propuestas, incluyendo el plazo y condiciones. Evaluar los costos que tiene para mí y los demás esta manera de ofrecer (el bloqueo de la ayuda espontánea de los otros o que me devuelvan con la misma moneda.)	Preguntaré a los demás si mi ofrecimiento ha sido claro y suficiente para ellos. Hacer el ejercicio de ofrecer ayuda sin esperar nada a cambio durante un tiempo y evaluar las consecuencias.
Acordar	Cuando cierro los acuerdos soy claro, transmito seguridad y compromiso en lo que a mí respecta. A veces, los otros perciben que no pueden decirme que «no» e impongo mis términos al acordar.	Continuar con mi estilo claro. Mejorar mi capacidad de valorar las limitaciones de los demás y las positivas consecuencias que esto acarrearía.	Mantener esta manera de acordar. Indagaré siempre en las posibles limitaciones que el otro tiene para cumplir.
Escuchar	Genero la sensación de escuchar a los otros, pero les parece que solo escucho lo que quiero oír.	Debo dejar mis prejuicios de lado y ver los intereses de los demás para poder escuchar mejor.	Proponer al otro lo que he escuchado y comprobar si es lo mismo o no.
Reconocer	Cuando reconozco a los demás, solo lo hago mostrando lo que ha sido bien hecho, pero me cuesta hacerle sentir que es importante para mí.	Trabajar es aprender a valorar la importancia de los vínculos como complemento y soporte de la tarea.	Reconocer las cosas bien hechas y mostrar interés por su desarrollo futuro en el trabajo.

¿Cómo optimizar mi presencia en mis redes de relación?

Una vez fortalecida mi base relacional con las personas de valor, y tras haber elaborado sus opiniones vale la pena ampliar nuestra red hacia aquellas personas con las que tenemos más dificultad para relacionarnos, pero que son necesarias para poder desarrollar nuestros retos personales y profesionales.

En esta red personal de relaciones que facilita que las cosas ocurran como queremos que ocurran, nos encontramos con personas que son necesarias para hacerlo posible y con las que, en algunos casos, aún no hemos construido un vínculo, o por falta de determinación o por falta de reconocimiento; puede haber personas con las que tenemos que fortalecer el vínculo, ya que lo hemos descuidado, y con otras restablecerlo para que podamos recuperar una relación que empezó deteriorándose y, en un momento, se rompió.

Le invitamos a preguntarse:

- ¿Qué personas son necesarias para obtener mis retos personales y profesionales?
- ¿Cómo las siento de próximas o lejanas?
- ¿Cómo me relaciono actualmente con ellas?
- ¿Cuáles son los espacios de relación que comparto con ellas y qué nuevos espacios debo construir?
- ¿Con quién tengo que acercarme y con quién distanciarme?
- ¿Con quién tengo que adaptar mi forma de relación para construir un vínculo que nos permita trabajar juntos?
- ¿Qué conversaciones planteo para crear, fortalecer o restablecer vínculos?

Estas acciones nos permitirán optimizar la presencia en nuestras redes de relación y construir vínculos de confianza.

¿Cómo sostener la calidad de nuestras relaciones

Las relaciones son un proceso dinámico: se deterioran, se reconstruyen, se fortalecen, se debilitan en una oscilación natural, pero es necesario que esta oscilación no pongan en riesgo la plenitud o la felicidad con aquellos que amamos y el disfrute de lo que hacemos para nosotros y con y para los otros.

Las expectativas y la posición desde la que nos relacionamos son lo que harán que nuestras relaciones positivas y poderosas se mantengan en el tiempo.

Los seres humanos, cuando nos encontramos con otros, generamos expectativas de cómo nos gustaría que nos trataran y qué nos gustaría recibir del otro, hasta lo hacemos con la pareja, con los hijos, con nuestros padres, con los compañeros de trabajo; muchas veces esperamos algo que no se cumple. Pero hay que ser conscientes de lo que esperamos del otro y si se lo hemos explicitado, si el otro lo sabe.

Las expectativas "secretas-ocultas", las que el otro no conoce y desde el desconocimiento no puede satisfacer. El otro también tiene sus propias expectativas y espera de nosotros cosas distintas. En esta danza de expectativas y necesidades satisfechas e insatisfechas, nos relacionamos y, con ello, generamos una constante oscilación de satisfacción e insatisfacción.

La transparencia en la comunicación y el cuidado de no dejar que las malas interpretaciones o las expectativas insatisfechas vayan ocupando espacio y deterioren las relaciones son condiciones fundamentales.

Hay que contrastar continuamente lo que uno espera del otro, para así ir ajustando las expectativas mutuas.

Cuidar una relación es aceptar que el otro es un ser distinto a nosotros, que la persona que tenemos delante de nosotros no es la que nosotros necesitamos tener para sentirnos bien, sino que aceptamos y legitimamos que es distinta y, desde el respeto a la diferencia, nos encontramos y cuidamos la relación.

¿Qué elementos básicos necesito para construir un plan exitoso?

- Actuar desde nuestras fortalezas, desde lo que hacemos bien.
- Relacionarse disfrutando, para ello utilizamos todos los aprendizajes de nuestras experiencias vitales positivas.
- Utilizamos nuestras competencias relacionales en las que destacamos.
- Con nuestras personas de valor experimentamos todo aquello que podemos mejorar en nuestra manera de relacionarnos.
- Luego expandimos nuestra red de relaciones a personas con las que tenemos más dificultad para relacionarnos. Conversamos y pensamos con los que nos rodean en nuestras redes particulares y profesionales de forma transparente, contrastando continuamente lo que uno espera del otro para así ir ajustando las expectativas mutuas.
- Estamos predispuestos a ampliar lo que vemos y a quién vemos, y nos damos el derecho de pedir ser vistos por los otros.

10. Nuestros libros referentes

Presentamos un recorrido por los libros y autores que para nosotros han sido un referente, los hemos encontrado por el camino y son piezas de un puzle que nos ayuda a entender lo humano.

Los textos que escriben sus autores nos muestran una síntesis que conjuga sus experiencias vitales y el legado que les transmitieron los que los precedieron.

Así vamos reconstruyendo la explicación de lo humano, observando y comprendiendo con la voluntad de encontrar maneras que nos permitan convivir con los otros.

ARGYRIS, C. *¿Cómo vencer las barreras organizativas?* Díaz de Santos: Barcelona, 1993.
Interesante para conocer cómo evitar "lo no dicho" en las organizaciones humanas.

AUSTIN, J.L. *Cómo hacer cosas con palabras.* Paidós: Buenos Aires, 2003.
Un análisis de las reglas sobre las cuales opera la comunicación humana para comprender cómo el conversar construye y transforma las realidades en que vivimos.

BATESON, G. *Espíritu y naturaleza*. Amorrortu: Buenos Aires, 1982.
Fundamental. Muestra cómo la mente humana es parte de una unidad sistémica más amplia conectada con el mundo natural desde donde emerge.

—. *Pasos hacia la ecología de la mente*. Planeta: Barcelona, 1985.
Mágico. La manera más entretenida de saber más sobre epistemología, cibernética y comunicación.

BERGER P.L., LUCKMANN, T. *La construcción social de la realidad*. Amorrortu: Buenos Aires, 2003.
¿Cómo es posible que los significados subjetivos se vuelvan hechos objetivos?

BOHM, D. *Sobre el diálogo*. Kairós: Barcelona, 2001.
La importancia del diálogo para relacionarnos con los otros y la influencia de nuestras creencias, verdades e identidades.

BRUNER, G. *Actos de significado*. Alianza Editorial: Madrid, 1991.
Una hermosa y simple manera de profundizar en la arquitectura del "yo" como una entidad difuminada en la red de relaciones desde la que surge.

CAPRA, F. *La trama de la vida*. Anagrama: Barcelona, 1998.
Un físico que, de manera sencilla y cercana, nos presenta diversas teorías que explican la vida desde la complejidad, el caos y los sistemas sociales.

CASADO, L. *Organizaciones y sistemas humanos*. Kairós: Barcelona, 2001.
Presenta un mapa de los procesos humanos en las organizaciones.

CODERCH, J. *La práctica de la psicoterapia relacional*. Ágora Relacional: Madrid, 2010.

Desde la perspectiva del psicoanálisis relacional aporta una explicación para comprender la mente humana constituida por la internalización de las interacciones del ser humano con el medio social que lo rodea.

DAMASIO, A. *EL cerebro creó al hombre*. Destino: Barcelona, 2010.
Explicación del fenómeno de la conciencia desde las neurociencias.

—. *En busca de Spinoza*. Crítica: Barcelona, col. Drakontos, 2005.
La importancia de las emociones en lo que pensamos y en cómo nos relacionamos con los otros.

ECHEVARRÍA, R. *Ontología del lenguaje*. Granica: Buenos Aires, 2005.
Esta obra plantea que lo social, para los seres humanos, se constituye en el lenguaje y que todo fenómeno social es siempre un fenómeno lingüístico.

EDELMAN, G., TONONI, G. *El universo de la conciencia*. Crítica: Barcelona, 2002.
La recuperación del inconsciente desde una perspectiva neuro-científica.

ELSTER, J. *Alquimias de la mente*. Paidós: Buenos Aires, 2002.
Nos invita a indagar en la naturaleza de las emociones sociales, a comprender cómo los estados de ánimo se manifiestan en las personas.

FRANKL, V. *El hombre en búsqueda de sentido*. Herder: Barcelona, 2000.
Un libro fundamental para vivir plenamente la vida; es la narración personal del autor y su paso por un campo de exterminio como una experiencia generadora de uno de los elementos centrales de la psicología: "el sentido".

FOUCAULT, M. *Tecnologías del yo*. Paidós: Buenos Aires, 1990.
Ayuda a entender cuál es la diferencia entre conocerse a sí mismo y cuidar de sí.

GAZZANIGA, M. *¿Qué nos hace humanos?* Paidós: Buenos Aires, 2010. Interesantes hallazgos de la neurociencia que nos permiten comprender mejor el comportamiento humano.

—. *El cerebro ético.* Paidós: Buenos Aires, 2006.
Diferencia entre moral y ética.

GOLEMAN, D., BOYATZIS, R., MC KEE, A. *El líder resonante crea más.* Plaza y Janés: Barcelona, 2002. El papel de las emociones en el liderazgo.

GREENBERG, L.S., RICE, L.N., ELLIOT, R. *Facilitando el cambio emocional.* Paidós: Buenos Aires, 1993. Nos plantea en detalle cómo la emoción predispone a la acción y entrega claves para trabajar el cambio emocional en otros.

HABERMAS, J. *Teoría de la acción comunicativa I y II.* Taurus: Buenos Aires, 1987.
El lenguaje y la comunicación humana como creadores y articuladores de mundos.

IACOBONI, M. *Las neuronas espejo.* Katz Editores: Madrid, 2009.
Aportación desde la neurociencia a la comprensión del lenguaje y la interacción humana.

JUNG, C.G. *Tipos psicológicos.* Edhasa: Barcelona, 2008.
Básico para comprender los perfiles psicológicos en los que habitamos.

LEDOUX, J. *El cerebro emocional.* Planeta: Barcelona, 1999.
Un clásico que sintetiza y difunde los principales hallazgos de la neurociencia sobre las emociones, su origen y función.

LOWEN, A. *El narcisismo.* Paidós: Barcelona, 2000.

El mejor libro para comprender el narcicismo, la más recurrente manera de relacionarse con uno mismo y los demás en la cultura actual. Una puerta para ampliar la consciencia y vivir plenamente la vida.

MATURANA, H., PÖRKSEN, B. *Del ser al hacer.* J.C. Sáez: Santiago de Chile, 2004.
Conversaciones sobre los fundamentos y orígenes de la biología del conocer.

—, DÁVILA, X. *Habitar humano.* J.C. Sáez: Santiago de Chile, 2008.
Presenta reflexiones y leyes para comprender los fundamentos biológico-culturales de nuestro hacer.

—, VARELA, F. *El árbol del conocimiento.* Editorial universitaria: Santiago de Chile, 1984.
Bases biológicas y culturales para comprender cómo surge en nosotros el mundo en que vivimos y nuestra particular autoconsciencia.

MORIN, E. *El método.* Cátedra: Madrid, 1994.
Comprensión de la complejidad de lo que vivimos como real.

MOSCOVICI, S. *Psicología social, I-II.* Paidós: Barcelona, 1984.
Procesos de influencia, creencias, relaciones interpersonales y redes de soporte social.

NARANJO, C. *Carácter y neurosis.* J.C. Sáez: Santiago de Chile, 2008.
Una reformulación del eneagrama para entender el alma humana.

PIGEM, J. *La nueva realidad.* Kairós: Barcelona, 2013.
Plantea la importancia de lo relacional en la construcción de una nueva realidad centrada en las personas y en su capacidad de relación.

PINKER, S. *Cómo funciona la mente*. Destino: Barcelona, 2001.
Síntesis desde la ciencia cognitiva, la biología evolutiva y la neurociencia respecto a cómo opera un ser humano.

—. *El mundo de las palabras*. Paidós: Buenos Aires, 2007.
Invitación a conocer nuestra manera de ser a partir de cómo traducimos a palabras lo que pensamos y sentimos.

ROGERS, C. *El proceso de convertirse en persona*. Paidós: Barcelona, 1972.
Libro básico para entender qué significa "comprender al otro".

—. *El camino del ser*. Kairós: Barcelona, 1987.
Desde la propia experiencia personal, Rogers comparte la importancia de facilitar un clima psicológico para que las personas puedan ser.

SEARLE, J. *Actos de habla*. Cátedra: Madrid, 1994.
Una de las principales aportaciones del siglo XX a la Filosofía del lenguaje. Hablar es actuar.

SENGE, P. *La quinta disciplina*. Granica: Buenos Aires, 1995.
Presenta una visión sistémica de la organización.

SIEGEL, D.J. *La mente en desarrollo*. Desclée De Brouwer: Bilbao, 2007.
Neurociencia aplicada al mundo relacional. Muestra cómo las relaciones interpersonales modelan el cerebro humano y cómo este proceso determina nuestra forma de relacionarnos. Una mirada al desarrollo del ser relacional a lo largo del proceso vital.

SOLÉ, R. *Redes complejas*. Tusquets: Barcelona, 2009.
La importancia de las redes relacionales, tanto naturales como artificiales, y su influencia en la construcción de la visión de nuestro mundo.

Subirana, M., Cooperrider, D. *Indagación apreciativa*. Kairós: Barcelona, 2013.
La fuerza generativa del pensamiento positivo y de trabajar desde las fortalezas personales y de grupo.

Steiner, C. *Los guiones que vivimos*. Kairós. Barcelona, 1992.
Nos presenta un detallado trabajo de los juegos psicológicos en que participamos y de los diferentes roles que "interpretamos" en nuestras relaciones.

Varela, F. *El fenómeno de la vida*. Dolmen: Santiago de Chile, 2000.
Conocer y vivir como un acto circular inalienable, la experiencia vivida como base de la exploración científica de la conciencia.

von Bertalanffy, L. *Teoría general de los sistemas*. Fondo de Cultura Económica: Madrid, 1981.
Lectura para los muy interesados. El origen de la teoría del análisis sistémico.

Wagensberg, J. *Las raíces triviales de lo fundamental*. Tusquets: Barcelona, 2010.
Encontrar lo común entre lo diverso y usar lo comprendido para lograr nuevas comprensiones.

Watzlawick, P. *Teoría de la comunicación humana*. Herder: Barcelona, 1981.
Mirada desde la comunicación interpersonal y cómo los contextos en que establecemos las relaciones nos influyen en nuestra capacidad y calidad de relacionarnos con los otros.

—, Cebeiro, M. *La construcción del universo*. Herder: Barcelona, 1998.
Un libro para introducirse en el pensamiento sistémico.